京都・大阪・兵庫

七福神めぐり

藤村郁雄 著

京都・大阪・兵庫　七福神めぐり　目次

こんなにたくさん七福神めぐり……………… 101

京都

大阪

兵庫

禄

赤《せき》山《ざん》禅《ぜん》院《いん》

寺社の上に付けたマークは以下を示します。

恵…恵比寿
黒…大黒天
毘…毘沙門天
弁…弁財天
布…布袋尊
禄…福禄寿
寿…寿老人

※寺社のデータは２０１５年末のデータです。訪ねる際は、事前に確認してください。
※ご朱印はほとんどの寺社で受付可能ですが、日時等によって難しいこともあります。各寺社にお問い合わせください。

知っていますか？
七福神

「えべっさん」や「大黒さん」と聞けば、
だれでも耳にしたことがあるはず。
でも、いつのころから現れたのでしょう。
どんな願いを聞いてくださるのでしょう。
どんな願い方をすればいいのでしょう。
なぜ七人なのでしょう。
意外と知らない七福神の扉を開いてみてください。

七福神の起こり

「七福神めぐり」に行く前に、七福神についてのざっとしたマトメをしておきましょう。誰もがよく知っている七福神ですが、いざ、すべての名前を言えるのかといえば、すこし、あ・や・し・い。

　ましてや、それぞれのご利益や、謂れなどについてとなると、ほとんど「知らない」といった世界に近いのではないでしょうか。

　そんなの知らなくても、「とにかく、巡ってみたい」という方には、どうぞ、しばらくページをすっ飛ばして、七福神めぐりのくだりから、見ていただきたいと思います。それでも十分ご利益はいただけるはずですから。


　七福神は、室町時代、京都で、恵比寿《えびす》、大黒天《だいこくてん》、毘沙門天《びしゃもんてん》、弁財天《べんざいてん》、布袋尊《ほていそん》、福禄寿《ふくろくじゅ》、寿老人《じゅろうじん》の七つの神様をまとめ、信仰するようになったのがはじまりといいます。

　もともとの起こりは、それよりもずっとふるく、平安時代です。

　天台宗開祖・最澄、かの伝教大師と呼ばれる人物が比叡山で、インドの神様である「大黒天」を台所の守神として祀り、それが民間に福の神として広まったことに端を発します。やがて日本の土着神である漁業の神様「えびす」と台所（食）繋がりというこ

とで、二神として並祀されるようになり、さらに、京都・鞍馬の毘沙門信仰の毘沙門天が加わり、三神として信仰されるようになりました。

ほかにも、大黒と恵比寿に、お多福が加えられて三神とする流れもありましたが、琵琶湖・竹生島の弁財天信仰が流行る鎌倉初期あたりには、弁財天が、毘沙門天やお多福にかわり、三神の一角とされました。

とはいえ、本来の三神の一柱である毘沙門天も捨てがたかったのか、毘沙門天を入れて四福神としましたが、四という数が忌まれたため布袋を加えて五福神となりました。

五福となると、室町末期の中国文化に大きく傾倒した東山文化時代に、中国・竹林七賢《ちくりんしちけん》にある七という数字に届きやすく、福禄寿と寿老人を加えて、七福神を誕生させたと考えられています。

この際の寿老人は、七という数字にこだわったために、福禄寿から派生して作られた一柱ともいわれます。

竹林七賢とは、中国で三世紀ごろにいたとされる七人の隠士で、人間の理想の姿として捉えられ、「竹林七賢図」として描かれ、後世まで大きな影響を与えました。

また「七福神」の七は、仏教教典・仁王般若経にある「七難即滅 七福即生」にちなんだという説もあります。

まぁ、古いふるい昔の話なので、七福神のメンバーや考え方には紆余曲折があり、時代にも、地域でも、いろんな違いはあったものと思われますが、そんなこんなで、室町時代の末期には現在に残り伝わる「七福神」の誕生をみることになりました。

七福神のはやり

室町時代中期、京都で「七福神の格好をした盗賊」が現れたというような記録が残っているようです。愉快犯というか、バチあたりというか、時代は変わっても、いつの世にもこの手の輩が、目立ちます。裏返せばこれも流行の証。つまり室町末期よりも早い時代に、七福神は確立され、はやっていたのかも知れません。

いずれにしても、七福神は庶民文化のなかで育ち、人々のちょっとした心の支えとなっていたのに違いないのですが、七福神「めぐり」として流行りだしたのは、江戸時代からのおはなし、となるようです。

江戸時代になり、南光坊天海というお坊さんが、かの徳川家康に、人生における「七つの大切なこと」について教えを説いたことがあるそうです。天海は、上野寛永寺の開祖で、家康の側近を務めた、知る人ぞ知る、えらい大僧正らしいのです。その教えは、「清廉」「有徳」「威光」「愛敬」「大量」「人望」「寿命」についてで、それが七福神に重ねられ、家康が七福神信仰を奨励したことから、七福神を祀る社寺がたくさん造られるようになったといいます。

恵比寿には「清廉」
大黒天に「有徳」
毘沙門天に「威光」
弁財天に「愛敬」
布袋尊に「大量」
福禄寿に「人望」
寿老人に「寿命」

が重ねられました。

このころ、社寺は増えていったものの、七つの福神を「めぐる」ということはまだ、行われなかったようで、「七福神めぐり」として、もてはやされる

京都・萬福寺の布袋尊像。まさに「大量」のイメージ

ようになるのは、江戸時代の天明年間あたり、一七八〇年代になります。「苦しいときの神だのみ」とはよく言ったもので、近世の最大飢饉といわれる「天明の大飢饉」により苦しめられ、人々が神仏にすがりたい一心で、より多くの福を求めて七福神めぐりが始まったとされています。

　そして江戸時代も中期に入り、世の中が落ちつくと、庶民文化に遊び心が加わり、レジャーの一つとしても「七福神めぐり」が盛んになり、全国各地へ広がりました。

　もともとは、正月元旦から「松の内」「七草の日」の七日までに、七福神を祀った社寺を巡礼することから始まっています。

関西における七福神「めぐり」がいつ始まったかは、定かでありませんが、「酔狂者」「伊達人」をはじめ、いろんな人々が、きっと江戸時代よりずっと古い時代から「めぐり」をやっていたに違いありません。

　今でも、「七福神めぐり」は正月が正式などといいますが、決まりはありません。

神様は、一年中、願いを聞いてくださるのです。旧暦十月、神無月でさえ、「神のいない月」とされる謂れはありません。

　江戸時代、庶民文化が発展するにつれて、七福神の構成もすこしフラつく場面があります。

「福禄寿のかわりに吉祥天」「寿老人のかわりに吉祥天や猩猩」という組み合わせがみられた時代もありました。

　今でも吉祥天などを七福神に加えるところもあるようですが、おおむね、恵比寿、大黒天、毘沙門天、弁財天、布袋尊、福禄寿、寿老人に落ち着いています。

七福神のご利益と特徴

「ご利益《りやく》」とは、神様や仏様からいただく恵みや幸運のことで、それはそれはありがたいもの。七福神のご利益は多岐にわたります。七福神に限らず、ご利益は、時代や歴史、神様や仏様のそもそもの起こりから積み上げられ、分厚くなって伝わってきたものです。

時代時代の人々から何万回、何億回と願いをかけられ、信頼ができあがってきました。だから、途方もない数の先人の魂がこもり、願いが成就していくのでしょう。

でも、だから、闇雲にお願いしても、お門違いのお願いをしても叶えられるものではありません。そもそも何の努力もなしに「ダイエットできますように」なんて願っても、まぁ、叶うものではなく、願うまえや願ったあとに、「私は目標を達成するために、努力をするんだ」という決意をするというのが、ご利益をいただく本筋なのです。

そのためには、やはり、願い（目標）をはっきりとさせ、心をピュアにして謙虚に願い、誓うことが大切です。

それを踏まえた上で、七福神のご利益を知っておいてほしいのです。

諸説ありますが、おおまかに集約すれば、次ページ以降のようになります。また、記述した以外にもご利益はあります。

福神の起こりなどを参照に、それぞれの神仏にもっともふさわしい願い（誓い）を唱えていただきたいものです。

恵比寿《えびす》

七福神で唯一の日本の神様。

ご利益
商売繁盛、除災招福、大漁豊作など。

歴史のある石像の中では
日本一大きいとされる
恵比寿が舞子の
舞子六神社にあります。

日本三大えびす
- 西宮神社（えびす宮総本社）
- 今宮戎神社
- 京都ゑびす神社

特徴
風折烏帽子《かざおりえぼし》（烏帽子）、狩衣《かりぎぬ》（指貫）
左脇に鯛、右手に釣り竿
ふくよか、えびす顔（笑顔）

表記は戎、夷、胡、蛭子、恵比須、恵美須など
いろいろで、明確な答えはありません。

恵比寿は、日本神話に登場する日本の生みの親といえるイザナギとイザナミ夫婦の子どもである「蛭子《ひるこ》命《みこと》」。もしくは大国主命の子どもである「事代主神《ことしろぬしのかみ》」だといわれています。事代主神はイザナギ夫婦のひ孫にあたります。ちなみに大国主命は大黒天と同一視されています。

どちらにしても、れっきとした神様なのですが、日本書紀だと蛭子命は、三歳になっても足が立たなかったため、船で海に流されたとされています。そして流れ着いたのが、神戸の和田岬あたり。漁師の網にかかり、漁師の地元付近の西宮に祀られました。「西宮神社」が全国の「えびす宮」総本社なのはこういう由緒によります。

また一方「事代主神」説では、国づくりの神である大国主命が国ゆずりの件で使者を送った時に、事代主神が海で釣りをしていたことによります。悠々と海釣りを楽しむ姿に、使者が海の神を感じたに違いありません。

蛭子命も事代主神も、海に関連しており、もともと信じられていた「えびす」という海の神様とイメージが結びつき、同一の神であるとされるようになったようです。

恵比寿が釣り竿を持っていたり、鯛を抱えていたりするのは、事代主神の伝承に影響されたものです。

大黒天《だいこくてん》

インドから渡ってきた神様と日本の神「大国主命」と習合。

ご利益
五穀豊穣、子孫繁栄、出世開運など。

特徴
頭巾、狩衣、左肩に袋、右手に福槌（小槌）、二俵の米俵に座ります（立つ場合も）。
背が低い、ふっくら、大きな福耳。福袋には七宝が入っているとされます。

大黒天はもともとはインドの神様マハーカーラ。「おおいなる暗黒」を意味します。ヒンドゥ教の三最高神の一柱、シヴァ神の化身の一つといわれ、「戦闘」や「破壊」の神とされます。仏教にも取り入れられ、大黒天と呼ばれて、如来（仏様）の化身として人食らいの鬼を退治します。

平安時代初期、天台宗の開祖・最澄が遣唐使として中国から密教とともに持ち帰り、比叡山延暦寺に台所の守護神として祀ったところから日本での大黒天の歴史が始まります。

各地の寺院に祀られるようになった大黒天はやがて、日本古来の国づくりや農業の神様である「大国主命」と混同されて、「豊穣の神様」として定着するようになりました。

もともとのマハーカーラは、不老長寿の薬をもち、パワフルに、強引に人を救済するというのですが、いいところ取りで、ふりかかる厄災からの救済と、豊穣の福徳をご利益とするのがいいでしょう。

石像として日本で有数の大きさの大黒天が舞子六神社（神戸市垂水区）にあります。大黒天石像の大きさでは六・六メートルの神田明神が有名です。舞子六神社の像は、一・五メートル程度と小柄ですが、歴史があり、昭和初期にはすでに存在したようです。

毘沙門天《びしゃもんてん》

仏教の四天王の一人。もとはインドの神様。鰐を神格化。悪霊退散・勇気と知恵を司る。

ご利益
大願成就
降魔厄除
財宝富貴など。

特徴
鎧兜、右手に槍または金剛棒か戟《げき》、左手に宝塔、天邪鬼《あまのじゃく》を足で踏む。

ムカデを使者に従えます（ムカデは鉱山の神とされ、鉱山師や鍛冶師などの信仰を得たといわれます）。

もとはインドのクベーラという富と財宝の神様。ヴァイシュラヴァナとも呼ばれました。仏教では四天王の一仏とされ、四天王の一仏とする場合には「多聞天」と呼び、単独では「毘沙門天」と呼ぶのが通例です。

インドでは財宝の神とされましたが、中国に伝わる過程で、戦闘の神という性格が加わりました。如来・仏の世界を支える須弥山《しゅみせん》に住み、それぞれの世の北方を守る守護神といえます。

日本では平安時代、京都の鞍馬寺で毘沙門天信仰がおこり、日本海側と都を結ぶ交通の要衝で市場が栄えていたことから、本来の「富の神」として崇められ、時代をおって「無病息災」や「勝負の神」とされていきました。

戦国武将の上杉謙信が毘沙門天の生まれ変わりと自ら吹聴したように、武将からの信仰も厚い神様です。毘沙門天自身、甲冑に身をかためた武将のイメージが強いのですが、長命や財福の性格ももっています。また毘沙門天を信仰すると、無尽の福、長命の福など十種の福が得られるとされます。

弁《べん》財《ざい》天《てん》

七福神ただ一人の女神。日本の神、市杵嶋姫命と同一視されることも。

ご利益
恋愛成就、学徳成就、諸芸上達など。

特徴
琵琶を抱える。
宝冠、唐服。

八本の手をもつ像と二本の手を持つ像があります。八本の手の場合、弓・矢・刀・矛・斧・長杵・鉄輪・羂索《けんさく》（仏具の一つ）、二本の場合、琵琶を抱きバチを持ちます。

三弁天
・相模江ノ島
・近江竹生島
・安芸厳島

七福神でただ一人の女神。もとはインド・ヒンドゥ教の水の神様で、サラスヴァーティ。仏教に取り入れられ、弁才天となりました。日本では財宝の神としての要素がフィーチャーされ、弁財天とも表記されるようになりました。

サラスヴァーティはインドで、言葉（弁）の神様ヴァーチェなどと結びつき、音楽神、学芸神、また戦勝神などとなりました。

もともと、八つの手をもち、それぞれに戦闘具を握り、また「弁才」「智恵」「財宝」「延命」を人々に与え、「悪夢」「邪気」「呪術」「鬼神」を除くとされていました。

一方で、二つの手をもち、琵琶とバチを抱える姿の像もあります。

日本では、奈良時代にすでに信仰されていたといい、日本神話の宗像三女神の一柱である市杵嶋姫命《いちきしまひめのみこと》と、また仏教では妙音菩薩と同一視されることがあります。

水の神、女神のイメージのもと、恋愛の神様というご利益も加えられたと思われます。

布袋尊《ほていそん》

七福神で一人、実在した人物。中国の唐のお坊さんから神様に。

ご利益
千客万来
家運隆盛
家庭円満など。

特徴
でっぱった太鼓腹、いつも半裸、ハゲ頭、大きな布の袋、丸顔、笑顔。長い杖や団扇などを持つこともあります。質素。

布の袋(布袋)は堪忍袋ともいわれます。そこには生活道具や人々からの施しを入れていました。

石像として日本一大きいとされる布袋尊が姫路市夢前町の弥勒寺にあります。高さが5mほどです。

モデルは、中国の唐時代の末期、浙江省に実在したお坊さん。神様ではなく、七福神の中で唯一の人間です。大きな布の袋を背負い、定住せずに、施しを求めて町中を歩き、もらった物は何でもこの袋に入れていたことから、いつしか「布袋」と呼ばれるようになりました。

背は低く、杖をもち、ふっくらとしたお腹、いつも半裸で、額にしわを寄せて満面の笑みを浮かべていたといいます。

でも、雪の中で寝ても濡れもせず平気。人の吉凶を占っては百発百中。予知能力を持っていたといわれ、人望とともに、いつしか弥勒菩薩《みろくぼさつ》の化身として慕われるようになりました。子どもと戯れるユーモラスな絵がよくみられます。

日本には鎌倉時代に入り、室町時代には水墨画のモデルとして用いられ、人徳や福々とした容姿などから人気となり、七福神に加えられました。

背負った袋は堪忍袋ともいわれ、人望や金運の神様とされます。

福《ふく》禄《ろく》寿《じゅ》

中国・道教が起源の神様。人生三徳を兼ね備える。

ご利益
財運招福
長寿延命
招徳人望など。

特徴
背が低く、とても長い頭、長く白い髭、右手に経巻を結わえた杖、左手に宝玉、亀や鶴をしたがえます。

福は幸福、禄は身分、寿は寿命をあらわしています。

中国三教（儒教・道教・仏教）のひとつ道教の神様。道教の三徳とされる「幸福」「封禄」「長寿」を象徴化したものです。福星・禄星・寿星の三星を神格化したものともいわれます。

中国では福禄寿は三人の神様として登場します。福星は木星、寿星は南極老人星（カノープス）、禄星は公務員の給与を象徴する星。禄は身分を意味します。

日本では中国の神様という画題として人気があったといいますが、単独で信仰されることはなかったようです。

天に向かって突き出るような異様に長い頭と、りっぱな白ヒゲが特徴的。経巻を結わえた杖を持ち、亀や鶴をしたがえています。

寿老人と同一とされることもあり、恵比寿や弁天、大黒などに比べて知名度は低いのですが、ご利益は「福」がつき、「徳」が得られ、「富」や「長寿」、また「除災」など多岐にわたる神様です。

寿《じゅ》老《ろう》人《じん》

南極老人星・寿星が人格化。老子の化身とも。

ご利益
長寿幸福
家庭円満
福徳智慧など。

特徴
頭巾をかぶる。背が低い。長い白髭。経巻を結わえた杖をもつ。うちわで難をはらう。鹿を連れる。仙人の姿。

伝説上の人物で、南極老人星・寿星が人格化されたものとされています。道教の開祖「老子」の化身とする向きもあります。

身長が一メートルにも満たず、鹿をしたがえ、桃を手にしています。水戸黄門よろしく頭巾をかぶり、あごに蓄えたふさふさとした白ヒゲが特徴的な、まさにご老人の容姿です。

寿老神や樹老人と表記されることもあり、長寿の神を表しています。

道教開祖の老子ともいわれます。
不死の薬を入れた瓢箪を持っているとも。

日本には、鎌倉時代に伝えられたとされますが、単独で信仰されることがなく、七福神のメンバーとしてのみ知られることになりました。

しばしば「福禄寿」と同一神としてみられ、吉祥天と入れ替えられることもありますが、福禄寿とは違ったご利益ももつありがたい神様です。

寿老人は一般的に桃を手にしているとされていますが、桃を手にしない像も多いようです。

すべての七福神に言えますが、時代や諸説また寺社により、特徴やご利益が異なることも多くあります。

七福神からもれたメンバー

平安時代に七福神の一柱「大黒天」がもたらされてから、時代とともに三神、五神、そして室町時代に七福神へと進化していった福神ですが、その間に、現在とは違うメンバーが七福神に加えられたり、省かれたりすることがありました。さらに、七福神の候補としてあがっていたものの、七福神からもれたメンバーも多くあります。

ざっと書き下すと、吉祥天《きちじょうてん》、お多福、達磨《だるま》、福助、猩猩《しょうじょう》、天細女命《あまのうずめのみこと》、稲荷神、聖天、泰山府君《たいざんふくん》、帝釈天《たいしゃくてん》、虚空蔵《こくうぞう》菩薩、ひょっとこ、不動明王、愛染《あいぜん》明王、白《しら》髭《ひげ》明神など。

現在でも、お多福や吉祥天、達磨、猩猩などは控えメンバーの最右翼で、時折、福禄寿や寿老人、弁財天に変わって七福神に加えられたり、八福神として一人増やして数えられることもあります。

控えや省かれたメンバーも、それぞれ、いわく因縁、そしてご利益がありますが、書きだすとキリがありません。七福神めぐりなどでみかけた折りに、調べてみるといいでしょう。

七福神の並び

七福神の並びってあるのでしょうか。エライ方から？　国籍から？

キチンと決まった並べ方はないようです。もちろん、誰がエライなんてこともありません。

一般的には、時代を追った順番で、「恵比寿、大黒天、毘沙門天、弁財天、布袋尊、福禄寿、寿老人」となるでしょう。『日本国語大辞典』ではこの並びで書いています。日本、インド、中国の並びでもあります。

『広辞苑』では、「大黒天、蛭子（恵比寿）、毘沙門天、弁財天、福禄寿、寿老人、布袋」の順です。

大黒天がそもそもの起こりで、布袋尊は実在の人物という意味からすれば、この並びも納得がいきます。

その他、百科事典などもバラバラで、どちらにしても、「これが正解」といいきれる並びはないようですが、いま紹介した二つが順当な線かと思われます。

七福神と宝船

宝船が最初に登場したのは京都の五條天神社といわれています。このときの絵は、船に稲が積まれただけのもので、年代は不詳。福神なども乗っていなかったようです。

七福神が宝船に乗り込むのは、江戸時代。徳川家康が狩野派の絵師に書かせたことから広まったといわれています。一方で、京都では室町時代後期に宝船に乗った七福神が描かれていたといいます。

七福神は、ほぼ渡来の神様で、唯一の日本の神様恵比寿も海から現れたことを照らし合わせて考えると、室町後期に京都ですでに「七福神は宝船に乗っていた」と考える方が自然なのでしょう。

また、宝船の原型は室町時代の京都で、悪夢を乗せて水に流すという「夢違え（夢祓え）」の船ともいわれます。船の絵を節分または除夜に寝床の下に敷き、翌朝に祓ったことによるものです。

この風習が東に伝わったのか、江戸では、いつしか一月二日の夜、初夢をみるときに「枕の下に宝船を敷いておくと縁起が良い」とされるようになりました。

そんなところから宝船はだんだんと豪華になり、七福神とともに金銀・珊瑚など高価な宝物が積まれていきました。

大龍寺（神戸市）で見かけた宝船の絵

神様と仏様

「神様たすけて」「仏様お願い」「神も仏もない」など、よく「神」や「仏」という言葉を耳にします。でも、神様と仏様ってどう違うのでしょうか。

まず、仏様とは。

仏とは如来のことで、仏教において、悟りを開いた人のことをさします。釈迦如来（お釈迦様）、大日如来、阿弥陀如来、薬師如来などで、仏教界で最高峰の存在とされます。さらに「仏」という解釈は、すこし広がり、「如来」に続く、「菩薩」「明王」「天」が含まれるようになりました。

ここには大乗仏教、小乗仏教（部派仏教、上座部仏教）や宗派（天台宗、真言宗、日蓮宗など）により考え方や分類等さまざまな違いがありますが、専門的なことはさておき……。

「菩薩」とは、観音、地蔵、文殊菩薩などで、実はまだ悟りを開いていない方たちです。とはいえ、私たち人間のはるか上の存在。この方たちも仏様です。

「明王」は、いわゆるお不動さんの不動明王、愛染明王、金剛夜叉明王などで、うっすらとでも耳にされたことがあるでしょう。たいていの明王は武器を振りかざし、怒った恐い顔をしています。十界という観念では、「明王」のところが縁覚、声聞となっています。

天は「天部」ともいい、天帝や神様の住むところともされます。天には、帝釈天《たいしゃくてん》、持国天《じこくてん》、広目天《こうもくてん》、よく耳にするところでは、韋駄天《いだてん》、金剛力士（寺社等に像がよく置かれています）、鬼子母神《きしもじん》などがあります。そして、毘沙門天、大黒天、弁財天などの七福神もここに所属します。つまり、神様も、仏教の

お寺には如来・菩薩・明王などがたたずみます

神戸の湊川神社本殿。武将（楠木正成）もご祭神として祀られています

世界では仏様の一つといえます。人間に最も近い位置にあり、直接「人の願いや誓い」を叶えてくれるのです。

ちなみに如来をはじめとする仏教界のならびは、如来、菩薩、明王、(縁覚、声聞)、天、人間、修羅、畜生、餓鬼、地獄となっています。

天以下は、「六道」と呼ばれ、迷いがあり輪廻(生まれ変わり)があるとされます。

次に、神様。

日本における神様は、仏教が伝わる前からあった神道や、民族宗教、また神話にでてくる、いわゆる神様のことです。

よく知られるところでは、神話からは、伊耶那岐命(イザナギ)、伊耶那美命(イザナミ)、天照大御神(アマテラス)など。神道《しんとう》や民族宗教からは犬神や宇賀神《うがじん》、ビリケンや貧乏神、座敷童なども含まれるでしょう。七福神も民族宗教からの神様といえます。

人間も神格化され、神功皇后、菅原道真、柿本人麻呂、織田信長、豊臣秀吉、徳川家康などの武将も神社に祀られています。

簡単にいえば、仏教界のエライ人でお寺に祀られているのが「仏様」。それ以外の〝雲の上〟の存在で、神社に祀られているのが「神様」ということになります。

ただ、ややこしいのは、「神仏習合」というものがあり、長い歴史のなかで、神様と仏様が合体されたたり、混ぜられたりして、神様と仏様の区別がなくなったものがあることです。

でも、神仏どちらにしても、人間が頼るべきスゴイものに違いありません。

ちなみに神様・仏様の数え方は正式には「柱」です。

お寺と神社への参拝

神社や寺院にお参りするときの正式な作法があります。基本的には、気軽に行けばいいのですが、「願い」は心の持ちようなので、知っていたほうがご利益を受けやすいでしょう。

願う前には、自分や願いたい人の住所や名前、人となりなどを神様に伝えておくとよいといわれます。

神社参拝の作法

一、鳥居をくぐります。くぐる前に服装を整え、軽くお辞儀をします。

二、手水舎にいきます。

三、柄杓で水をくみ、左手、右手の順番で手を清めます。

四、続いて左手に水を受け、口をすすぎます。柄杓は柄をすすぎ、伏せて元にもどします。

五、拝殿に向かいます。参道の真ん中は「正中」といい、神様の通り道なので、端を通ります。

六、拝殿の前では、軽くお辞儀をしてから、さい銭をいれて鈴を振ります。

七、二回深く(直角)お辞儀を行い、二回柏手(拍手)を打ち、ここで他人への願いや自分への努力を誓い願うのが一般的です。さらにもう一回深くお辞儀をします(二拝二柏一拝または二礼二柏一礼といいます)。

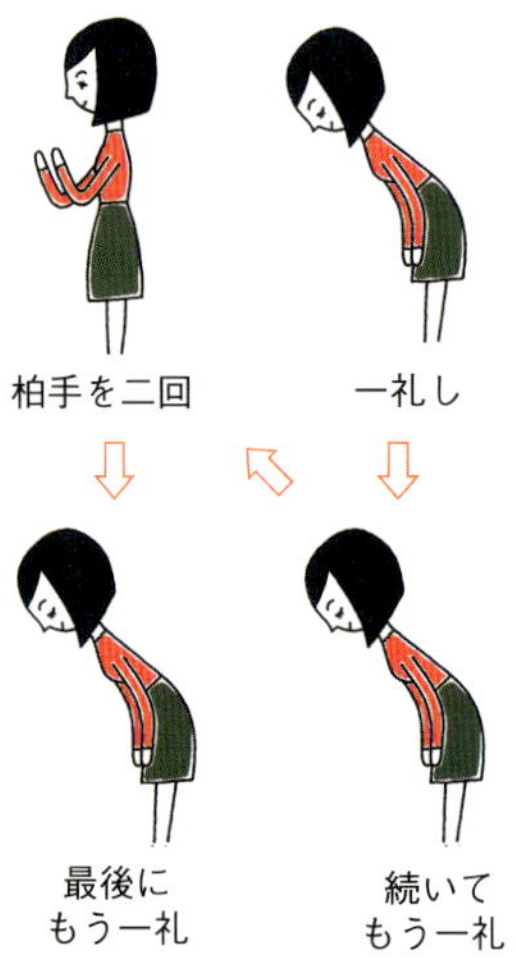

神社により作法が異なる場合がありますが、おおむね、このような方法で参拝します。

寺院参拝の作法

一、山門の前で服装を整え、軽くお辞儀をしてくぐります。

二、手水舎にいきます。

三、柄杓で水をくみ、左手、右手の順番で手を清めます。

四、さらに左手に水を受け、口をすすぎます。柄杓は柄をすすぎ伏せて元にもどします。

五、香炉に向かいます。参道は端を歩きます。

六、線香をたいて身を清めます。他の人がそなえたローソクなどから火をつけてはいけません。

七、参拝をします。

八、軽くお辞儀をしてさい銭をいれてから鰐口や鈴をならします。

九、胸の前で手をあわせて祈り、最後に軽くお辞儀をします。柏手は打ちません。

●七福神への願い方

七福神だからといって、特別な参拝作法はありません。

しいていえば、七福神めぐりが流行した江戸時代には、正月、松の内もしくは七草の日とされる一月七日までに行くのが慣例であったといいますから、それに従ってみるのもいいではないでしょうか。

現在も行われている京都の「都七福神めぐり」では、元日から一月三十一日まで、観光バスも運行しているようです。ほかにも、京都では、「伏見五福めぐり」「泉涌寺七福神めぐ

京都ゑびす神社でお参りをする人。季節を問わず、ご利益はあるのです

り」などご利益めぐりは一月から二月にかけてが多いので、このころがふさわしいのかもしれません。

基本的には、いつでも構わないのです。ひとつ、加えると、「効果が高まる祈願方法」があるといいます。

それは、「御真言」という仏の言葉を唱え、祈ること。密教経典に由来しますが、密教成立以前から唱えられてきたもので、「効能がある呪文」といえるようです。真言を三回唱えることで、仏に直接働きかけることができるとされます。

さらに言えば、密教では三密という教えがあり、心で仏を想い、手で印を結び、真言を唱えると自分と仏が一体化できるといいます。

解釈がちがうというところもあるかもしれませんが、七福神めぐりの際に、それぞれの神様の真言を唱えてみてはいかがでしょう。

七福神の御真言

恵比寿……オン　インダラヤ　ソワカ
大黒天……オン　マカキャラヤ　ソワカ
弁財天……オン　ソラソバテイエイ　ソワカ
毘沙門天…オン　ベイシラ　マンダヤ　ソワカ
布袋尊……オン　マイタレイヤ　ソワカ
福禄寿……オン　マカシリヤエイ　ソワカ
　または、ウン　ヌン　シキ　ソワカ
寿老人……オン　バサラユセイ　ソワカ
　または、ウン　ヌン　シキ　ソワカ

ご朱印帳

大きな神社仏閣にはたいていご朱印帳が用意されていますね。七福神めぐりにも、「七福神めぐり」としての、おのおののご朱印帳があります。大抵のばあい七社寺のいずれでも購入することができ、各お寺で寺社名を墨文字で書き、朱印を押してもらいます。

ご朱印とは読んで字のごとく、赤色のハンコのことで、もともとは写経を寺社に納めたときにもらっていたものが、いつしか、参拝しただけでもらえるようになったようです。たいていは有料です。

ご朱印帳には朱印に神仏名、寺社名また寺社紋などが記され、お札やお守りと同じご加護があるとされます。寺社で、一人ひとりに文字を書いてもらえるため、世の中で、ただ一つの手作り帳といった側面もあり、ご朱印帳を趣味として集める人も増えています。小さな寺社や「七福神めぐり」としての風習がなくなったところでは専用のご朱印帳がない場合もありますが、文具店や仏具店などで手に入れることもできます。

七福神めぐりではご朱印帳のほかにも、色紙やお守り、おみくじなどいろいろと用意されている寺社も多く、買うもよし、買わざるも自身の気持ち次第です。寺社への願いや誓いも心の持ちようといえるでしょう。

七福神と福神漬

七福神と福神漬、どちらも「福神」と名前につくけれど、関係あるのでしょうか？

そうです。関係、ありありなんですね。福神漬は明治初期に東京・上野の漬物屋さん（現在の酒悦というお店）の野田清右衛門という人が開発したようです。

「塩漬」が主流だった当時、「醤油漬」にした福神漬は画期的で、人気を博し、あっという間に庶民の間に広まっていきました。そんな中、「こりゃうまい」と言ったかどうかはわかりませんが、梅亭金鵞という当時の人気作家が、えらく気に入り、「福神漬」と命名したとされています。

その命名の由来は、「酒悦」の近くにあった不忍池、そこに七福神の弁天様が祀られていたのと、この漬物が七つの野菜から作られていることからピンときて、きっと「ははぁん、こいつぁ福神漬だな」と言って、つけられたとされます。

ちなみに、七つの具材は、ウリ、カブ、シソ、ダイコン、ナス、ナタマメ、レンコンだったようです。

また、たくさんの野菜を使ったことで、ほかにおかずがいらず、お金が貯まる、まるで福神のご利益のようだということで福神漬となったという説もあるようですが、まぁ、前者の方に軍配は上がりそうですね。

近年、七福神にちなんで命名されたことで、七月二十九日が「しちふく」という語呂合わせから「福神漬の日」として設定されたようです。

ココロ、
七福にふれあう

七福神のご利益は本当にたくさん、多種多様です。
怖いこわい形相の神様も、
やさしくほほえむ神様も、
アタマの長〜い神様も、
みんな私たちのココロの持ち方次第で、
愛を、福を、ご加護をくださるそうです。
めぐることは、歩くこと。車や電車で移動することも、あるでしょう。
でも、できる限りは歩いて、ココロを空っぽにして、
神仏に触れ合ってほしいと願います。
わたくし、一足先に、七福神めぐりへと出かけてみました。

七福神のルーツを訪ねる

比叡山延暦寺は歴史の舞台として登場する寺院で、知らない人はほとんどいないだろう。創建は伝教大師・最澄。延暦七年（七八八）に薬師如来を本尊として比叡山を開いた。

最澄は、空海（真言宗開祖）とならび称される僧侶で、天台宗の開祖。遣唐使として唐に渡り、密教をはじめて日本に持ち帰った人物としても知られる。

比叡山は日本の大黒天信仰の発祥の地とされている。最澄が比叡山にお堂を創建していたある日、目の前に一人の仙人が現れた。問答を交わすうちに、最澄はその仙人が「大黒天」と覚り、像を刻み安置したと伝わる。

大黒天は「三面六臂大黒天」。三つの顔と六つの手を持つ。顔は、食生活を守る「大黒天」、勇気と力の「毘沙門天」、美と才能の「弁財天」。

大黒天の手には、願いを叶える「如意宝珠」と煩悩を断ち切る「智慧の利剣」、毘沙門天は、七財を施す「如意棒」と、魔をくだす「鎗（槍）」、弁財天は、福を集める「鎌」と福を収納し与える「宝鎗」を持っている。すなわち福徳開運、商売繁盛の守り神である。と、寺の縁起案内に記してある。

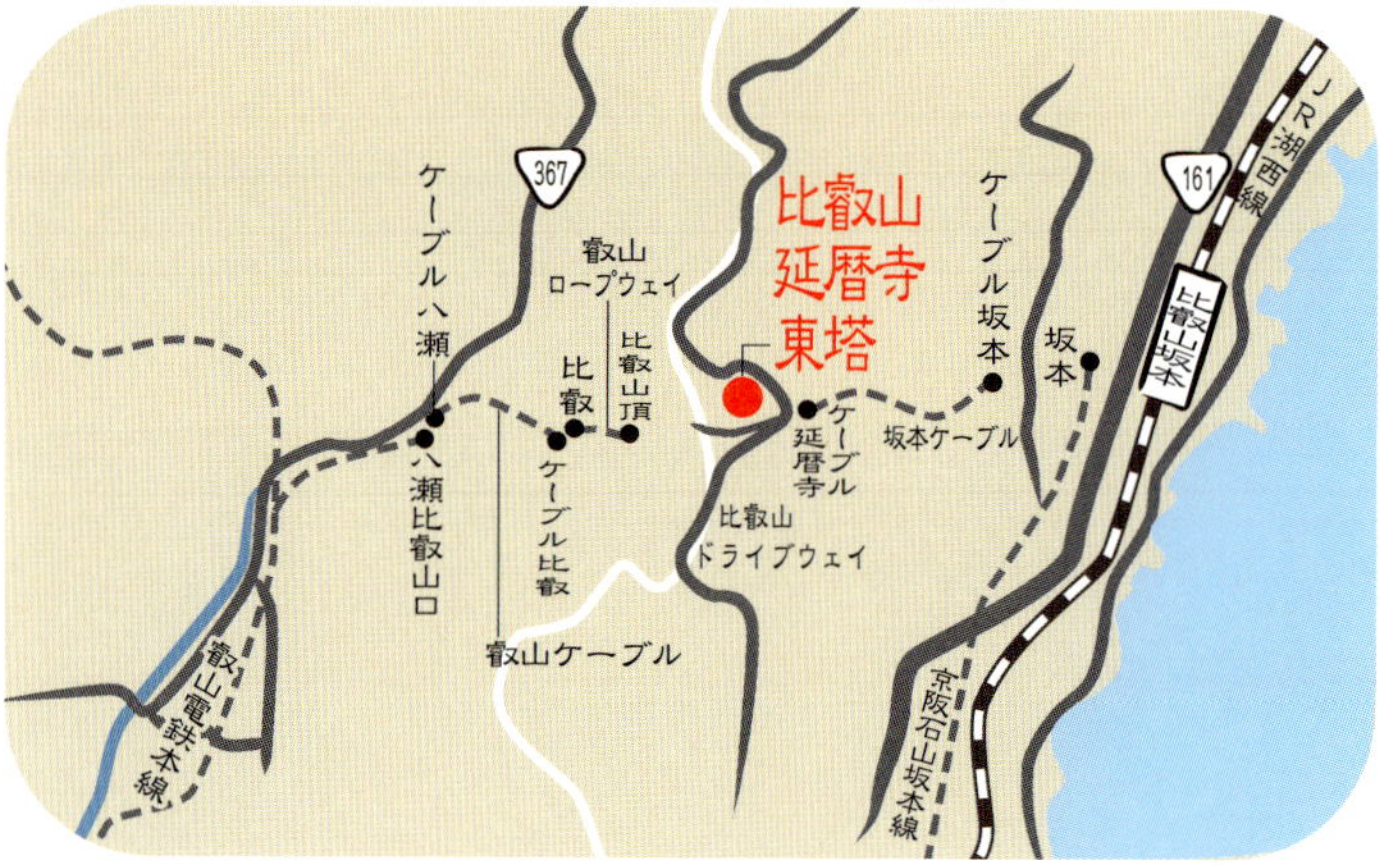

黒

比《ひ》叡《えい》山《ざん》延《えん》暦《りゃく》寺《じ》 大《だい》黒《こく》天《てん》堂《どう》

叡山ロープウェイから京都市街北部を望む

比叡山への交通手段として、私はJRを利用したので、京都駅から地下鉄・バス・ケーブルカー・ロープウェイをひとまとめで割り引き利用できる京都市交通局の「地下鉄&比叡山きっぷ」というチケットを購入した。二千円。駅前から直通バスも出ているらしいが、どちらも一時間ほどで、山頂まで行ける。

山深い山上では、自然浴のあいまに、下界の京都や大津のまち並みも、遠く望める。

約五百ヘクタールの境内には百五十ほどの堂塔が点在している。その東塔エリアの一隅会館前の広場に面しているのが、大黒堂だ。

数々の伽藍を見てまわれば、一日あっても足りない。脇目もふらず、大黒堂を目指す。大きなお堂が並ぶなか、大黒堂は、主要な伽藍と比べると小さいが、キンピカに装飾されていて、威風堂々とたたずみ、七福神の原点が祀られているところにふさわしい。

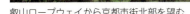

お堂前の案内板には「出世大黒天堂」と記してある。守護神として、平安と財福を願って祀られており、豊臣秀吉も開運と福徳を祈願したという。回すだけで願いがかなう「摩尼車」も設置してある。

堂の中は二十畳ほどの畳が敷かれた和間で、天井はたくさんの赤提灯や金色の装飾品で豪華に飾られ、その一番奥に「三面大黒天」が祀られている。しきりがあって大黒様の近くまでは寄れないけれど、こげ茶色に黒光りする姿が見える。暗いのとあわせて、くっきりとは見えないが、霊験が伝わってくる。手前には、新しそうに見える三体の三面大黒天な

日本の大黒さまのルーツ、三面大黒天のある大黒堂

ども安置してある。

　御真言は、大黒天、毘沙門天、弁財天の三つが書かれている。

　老夫婦や若いカップル、外国人などが間をおかず参拝し、「七福神の原点」と知るよしもなく、だれもが正座で手をあわせて大黒様を拝んでいく。お札やお守りを求め、ご朱印をもらう人も多い。

　お寺の方にあえて「奥に飾ってあるのが、最澄さんが彫られた大黒さまですよね。撮影はダメなんですよね」と尋ねてみた。「伝教大師の監修のもとに創られたものです。見えにくいので、写真を飾っておりますので、それを見てください」というようなことで、お堂の隅に、三面大黒天の写真と、説明書きが貼ってあった。

　大黒堂をあとにし、本堂、根本堂などで、さらにこころを洗って下山の途についた。

　七福神をめぐる禊《みそぎ》は終えたとさせていただこう。

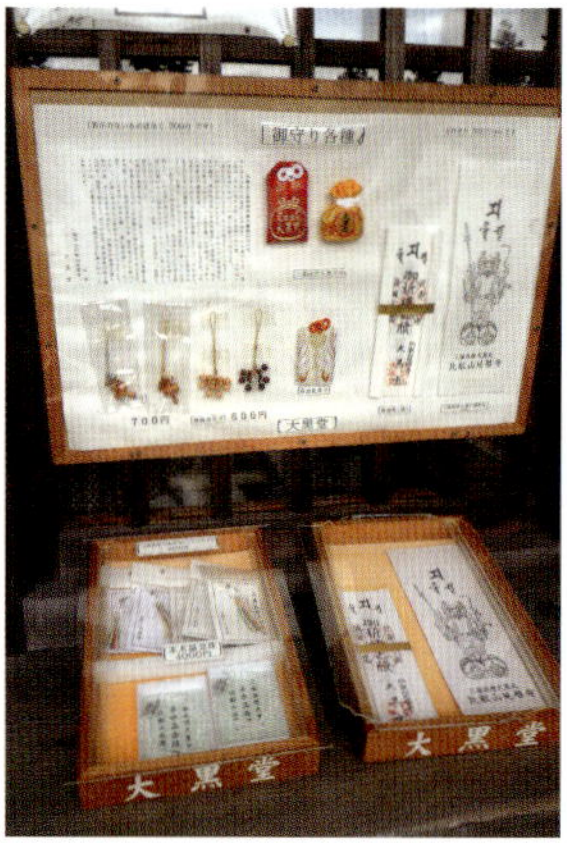

お守りやお札もたくさんある

住 大津市坂本本町 4220　☎077-578-0001
時 東塔地区 3～11月 8:30～16:30／12月 9:00～16:00
　1～2月 9:00～16:30
　西塔・横川地区 3～11月 9:00～16:00
　12月 9:30～15:30／1～2月 9:30～16:00
※受付は各30分前まで。冬期は積雪等のため閉山時間が早まることがある。
交 JR湖西線「比叡山坂本」、京阪「坂本」から坂本ケーブルに乗車。叡山電鉄「八瀬比叡山口」下車、叡山ケーブル・ロープウェイで「比叡山頂」へ、比叡山東塔まで徒歩約30分（シャトルバスあり）。JR「京都」、京阪「三条」「出町柳」から比叡山ドライブバス。

都七福神めぐり

◎妙円寺（大黒天）
◎赤山禅院（福禄寿）
◎行願寺（寿老人）
◎京都ゑびす神社（恵比寿）
◎六波羅蜜寺（弁財天）
◎萬福寺（布袋尊）
◎東寺（毘沙門天）

都七福神は、京都の七福神めぐりの中でも、人気が高い。昭和五十四年に当該寺社により設定されたそうだが、寺社の幟には「日本最古・都七福神」と明記されている。

これは、それぞれの寺社が平安時代初期から江戸時代初期に創建されたもので、日本最古とされる七福神像が存在する寺社があるとともに、古くから人々が福神めぐりとして訪れていたことによる。古来のルートは不明なものの、「日本最古の七福神」をめぐる「七福神めぐり」に違いないだろう。

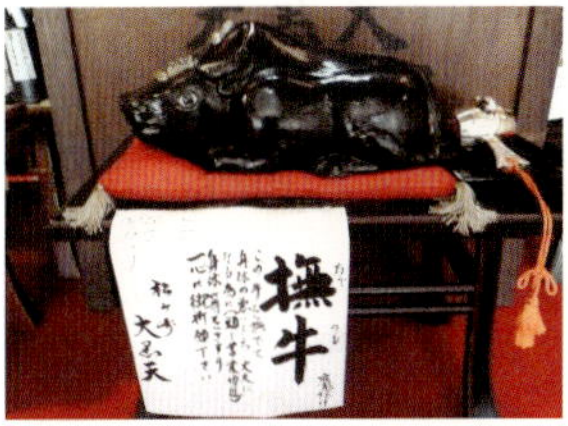

めぐれば、こんなものも見られる

めぐる順番は決まっていないが、北の方から順に訪れてみたい。

元来、七福神めぐりは、正月に訪れるのが最も功徳が大きいとされているが、何も正月に限ることはない。都七福神は毎月七日が縁日で賑わう。いつめぐっても構わない。

一月には定期観光バスも運行されている。

赤山禅院の福禄寿マスコット（人形）。中にはおみくじが入っている

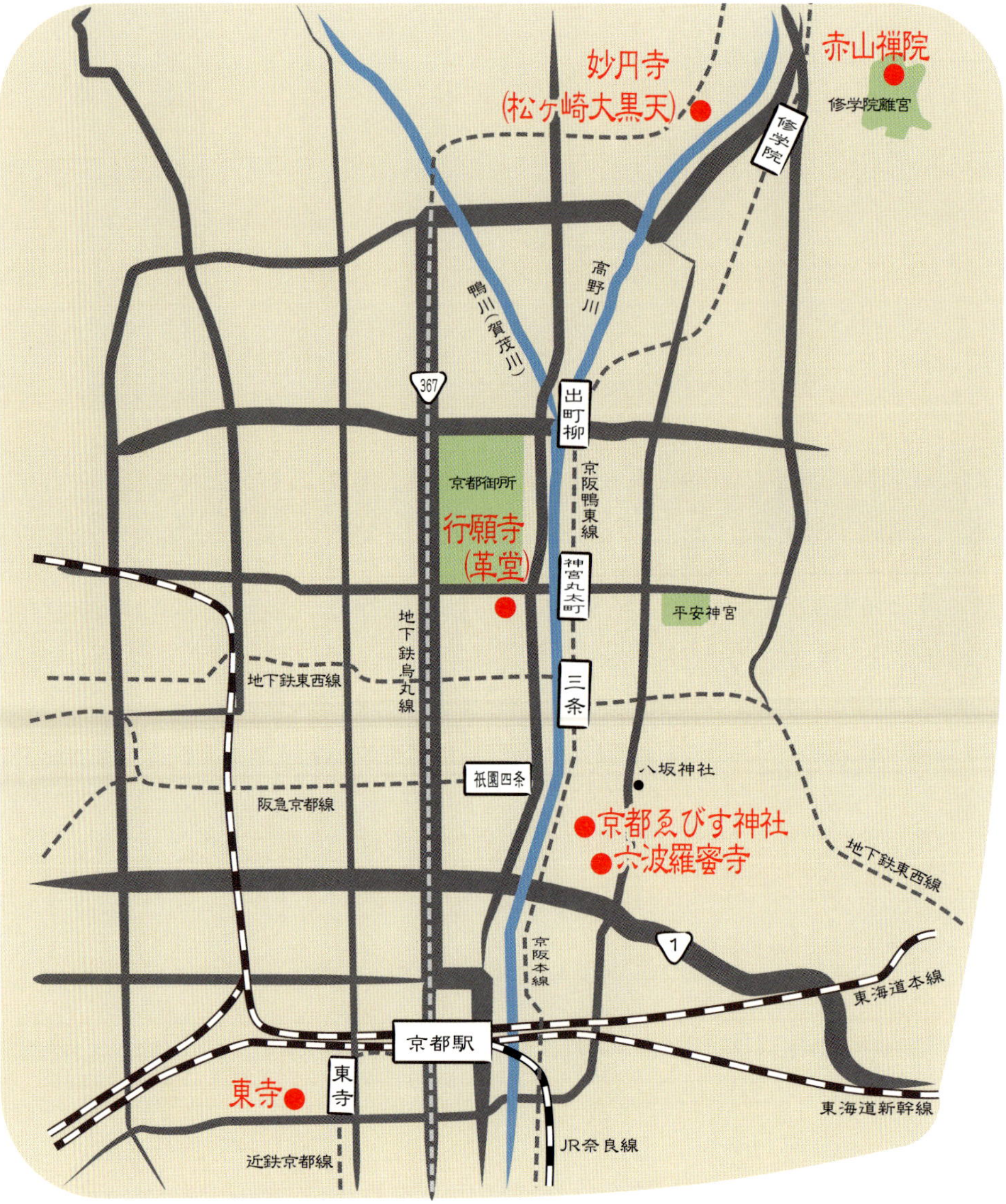
妙円寺
(松ヶ崎大黒天)
赤山禅院
修学院離宮
修学院
高野川
鴨川(賀茂川)
367
出町柳
京都御所
京阪鴨東線
行願寺
(革堂)
神宮丸太町
平安神宮
地下鉄烏丸線
地下鉄東西線
三条
八坂神社
祇園四条
阪急京都線
京都ゑびす神社
六波羅蜜寺
地下鉄東西線
1
京阪本線
東海道本線
京都駅
東寺
東寺
東海道新幹線
JR奈良線
近鉄京都線

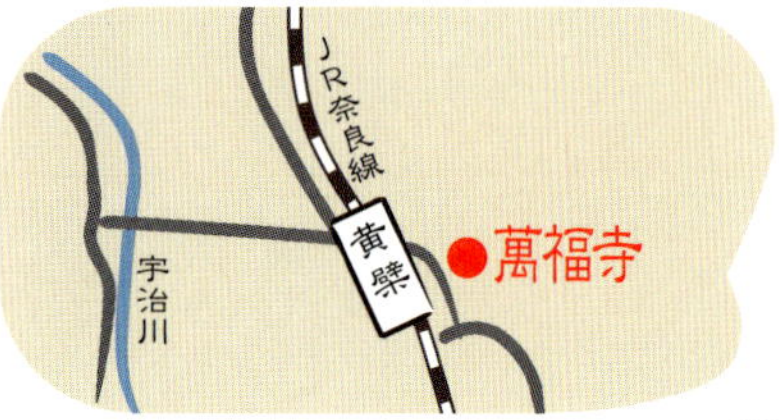
JR奈良線
黄檗
萬福寺
宇治川

黒

妙《みょう》円《えん》寺《じ》（松ヶ崎大黒天）

赤い灯籠を北に向かうと間もなくお寺に着く

京都市営地下鉄烏丸線松ヶ崎駅から、大通りをさけ一本北の道路に向かう。さらに北方に新宮神社という社が見える。山裾にある神社はご神木と思われる大木と、石段、鳥居、灯籠、こぢんまりとした本殿が可愛らしく、妙にマッチして、いかにも京都の小社といえる。

早速の寄り道だが、京都の七福神めぐりではまち並みの散策も魅力のひとつだ。

そのあたりから、涼しげに流れる疏水を上流にたどり、しばらく東に向かうと、左手に京都「五山の送り火」の「法」の字の記された東山（大黒天山）が見え、妙円寺の目印となる打出の小槌に大黒天と書かれた赤い灯籠が目に入る。お寺は少し山手にある。

お寺というのに鳥居をくぐり、階段をのぼる。

ただ、「お寺に鳥居はおかしい」という思いが間違っている。鳥居は神社だけのものではなく、神仏混交の日本においては、なんの不思議もないものだった。明治政府によって行われた「神仏分離令」により、神様と仏様、神社とお寺は強引に区別されたようだが、神仏混交の時代のほうがはるかに永く、実をとれば、神仏分離はうわべだけに過ぎなかったのかも知れない。

本堂の前にも大黒天がどっかりと腰を落ち着けている

妙円寺は、江戸初期に創建されたという日蓮宗のお寺。「松ヶ崎大黒天」という通称で親しまれている。

日蓮は、南無「妙法」蓮華経を唱える。

「南無」は帰依する、つまりここ

ろから信仰するという意味で、「妙」が真実、「法」が釈迦の教えを意味し、「蓮華」は蓮華花。「経」はお経、つまり釈迦の教えを記した書物ということになる。七文字で「釈迦の説く真実・真理を信仰し仏になれるよう精進します」というようなことを唱えることになり、唱えるだけで善行となり、功徳と智慧がつくとされる。

　少し離れた松ヶ崎西山（万灯籠山）には五山の「妙」も灯される。

参道には鳥居と山門がある

　これはお寺ゆかりの上人（高僧）が描いた文字に由来するという。

◆◆◆

境内に入る。

　本堂に祀られる大黒天像は、最澄の作で、日蓮開眼と伝わる。

　京都の鬼門を護り、「寿福円満」「開運招福」「商売繁盛」の大黒天とされる。

　本堂の正面には、どすんと大黒天の石像が据えられ、堂内には大黒天と記された大きな提灯や仏前幕などが参詣心を高揚させてくれる。

　本尊が拝めるかと、仏壇の扉の中をのぞいてみたが、遠く、暗い。

　扉の前に貼ってある大黒天の御真言「ノウマクサンマダボンノン　オンマカカラヤ　ソワカ」を三度唱えて、「開運招福」を願う。

　一般的には「オン　マカキャラヤ　ソワカ」と唱えるのが多いが、ここでは、お寺に従う。

　撫牛なるものもあり、「この牛を撫でて自分の体の悪いところをさすると治り、丈夫になる」というので、体中、目一杯を撫でておいた。

　弁財天や恵比寿の石像などもあった。

　お寺では年に六回の、大黒天の縁日を開き、「大黒天そば」というそばも用意される。次は縁日にお参りしようと誓い、寺を出た。

住京都市左京区松ケ崎東町31
☎075−781−5067　時9:00〜17:00
交地下鉄烏丸線「松ヶ崎」下車。徒歩約20分。
叡山電鉄「修学院」下車。徒歩約15分。
北大路ターミナルから「北８」京都市バス「松ヶ崎大黒天」下車、徒歩約5分。

禄

赤《せき》山《ざん》禅《ぜん》院《いん》

赤山禅院は京都市街地の北方、修学院、比叡山の山裾にある。

平安時代の仁和四年（八八八）、最澄の愛弟子で入唐八家に数えられる高僧・円仁の遺命により創建された。紅葉の名所としても名高い。

シーズンには紅葉が見事。名所としても知られる

ここ赤山禅院は、京都の表鬼門の位置になる。

表鬼門は、大切な場所からみて東北にあたる。京都の場合は天皇の住まい、御所からの方位となる。妙円寺も表鬼門にあり、御所は、いくつかの崇高なお寺で手厚く守られている。

◆◆◆

山門をくぐる。

山門をくぐるまえには、さっと衣服のほこりを払い、身を清めた気分になる。

長い参道に延々と連なるカエデは、青々と茂る。シーズンには紅葉が見事だ。

石段を登ると正面に拝殿。拝殿には鬼門除けの「猿」が屋根の上で御所を守護している。猿には網がかけられているが、かつていたずらを繰り返したために、閉じ込められた、と伝わる。

本殿には本尊の赤山大明神。

中国・唐時代、赤山というところの神様を招いた。別名を「泰山府君」ともいう神で、七福神の候補にもあげられたことがある。安倍晴明で知られる陰陽道の祖神《おやがみ》といわれ、命を司る神として崇められる。閻魔大王と重ねてみられることもあるらしい。

でも、実は、赤山大明神は、「天にあっては福禄寿神、地にあっては泰山府君」という。なんだか格好いい。

神話や伝説の世界は、分かりづらい

拝殿の屋根の上で御所を守護する猿

参道を進み、階段を上がると社殿。大きく境内が広がる

けれど、禅院の雰囲気にものまれて、とてもありがたい気がする。

　拝殿から左回りに順路があり、ぐるりと一周、数々の社殿をめぐることができる。弁財天のお堂もある。福禄寿は、すこし奥まったところにある。

　社殿の扉には福禄寿の御真言。「ナーマク　サーマンダー　ボダナン　シッタラ　グハンダヤ　ソワカ」と記してある。三回唱えて、願い、誓う。ただ、御真言には何種類かあるようで、表記の微妙な違いは別に、大抵の場合福禄寿は「オン　マカシリヤエイ　ソワカ」と記してある。「短いのが真言で、長いのが陀羅尼という」と書いてあるものや、「大日経と金剛頂経で異なる」と書いてある資料を目にしたが、詳しいことは分からない。お寺で記されたものを唱えたい。

　ちなみに「オン」は、南無阿弥陀仏や南無妙法蓮華経の「南無」とおなじように「帰依する」「信心する」というような意味で、「ソワカ」は「思いが叶うように」といった意味合いのようである。

◆◆◆

　横にある社務所で、なんとも味のある可愛らしいフィギュア・福禄寿おみくじを買い、おみやげとして持ち帰る。社務所の人に話しかけられ、ひとしきり都七福神について聞いたのち、「行願寺へ行くんですが、歩いてどのくらいかかりますか」と問うと、「電車を乗り継いでいかれた方がいいです」と勧められた。

福禄寿の御真言。奥に御神体

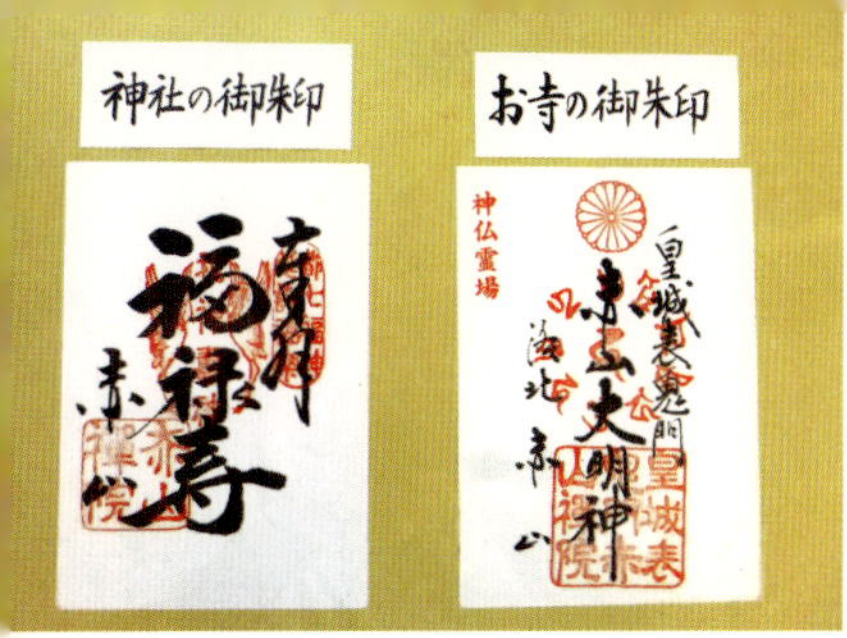

お寺と神社のご朱印

向かう前に、赤山禅院にかかわりのある「千日回峰行」という天台宗の荒行を知ってもらいたいのでお寺の資料を要約して記す。とにかくスゴイ。とても人間業とは思えない、まさに人が仏様になるためのハード過ぎる修行である。

修行の概念は「山川草木ことごとくに仏性を見いだし」礼拝して歩くというもので、七年間を要する。

最初の三年間は、毎年百日間、一日に三十キロ、比叡山の山中を、二百六十もの定点で立ち止まり礼拝し、峰をめぐる。

四年目と五年目は同じく峰めぐりを年間二百日間。

五年間で峰を七百回めぐり終えると、九日間、断食・断水・不眠・不臥で不動真言を唱え続ける。つまり、飲まず食わず、寝ないで、横たわることもできず、仏の言葉を唱え続けることになる。

これを終えると、「阿闍梨」と呼ばれる生身の不動明王になれる。きっと普通の人間ではなれない。さらに行は続く。「半ばで挫折するときは自らの生命を断つ」という掟もある。

六年目は比叡山の峰めぐりに加えて、赤山禅院の赤山大明神に花をたむけに参る。その行程は六十キロにもなる。「赤山苦行」とも言われるらしい。これを年間で百日。

最後の七年目の回峰は、さらに、キツイ。赤山苦行に加えて、京都市内の巡礼で、一日の行程が八十四キロ。これが百日間。これが済んで、やっと最後は、もとの三十キロにもどって、百日間の峰めぐり。

七年間で、九日間の飲まず食わず寝ずを挟んで、千回歩きたおす。とても、とても常人のできる行ではない。

◆◆◆

七福神めぐりは、修行のほんの序の口。できる限りは、歩いてめぐってみたいと思うが……。

決して無理はいけない。

住京都市左京区修学院開根坊町18
☎075−701−5181
時9:00〜16:30
交地下鉄烏丸線「松ヶ崎」下車。タクシー7分。叡山電車「修学院」下車、徒歩20分またはタクシー5分。
京都市バス5、31、65系統「修学院離宮道」下車。または北8系統「修学院道」下車、徒歩15分。
※「ぜんそく封じ へちま加持」の日には、叡山電車「修学院」前より臨時ピストン送迎あり。

寿

行《ぎょう》願《がん》寺《じ》（革《こう》堂《どう》）

京都御所の東南角あたり、「下御霊神社」とならぶように「革《こう》堂《どう》行願寺」がある。下御霊神社は「京洛八社めぐり」のひとつで、創祀は平安時代。災禍や疫病からの鎮護を願い御霊会を行う八所御霊のひとつ。八社をめぐれば御神徳が高まるという。ただ、七福神めぐりではない。革堂行願寺は天台宗のお寺で、本尊は千手観音。通称を「こうどう」という。七福神は寿老人が鎮座する。

お寺は千年以上の歴史を持ち、「いっさいの人々の成仏を願い、行じる」ことから名付けられた。西国三十三所巡礼の一つとしても知られる。

京都のゴチャっとした町並みの中、寺町通りに面する山門をくぐれば、比較的こぢんまりした寺の本堂が正面にある。鐘楼などとともに京都市指定の有形文化財で、重厚なおももちが奥ゆかしくもある。

寿老人は本堂の北西に「寿老人堂」

寿老人堂の横に七福神も揃う

本堂の赤く大きな提灯が目を引く

荘重な構えの伽藍に身が引き締まる思い

が建てられており、安置してある。像は、安土桃山時代のもので、秀吉が祀ったという向きもある。格子から覗き込んでみると、かのボールドで頭の長い、白髭が特長の…、といえば私の頭の中では、福禄寿。でも寿老人の像がある。

福禄寿と寿老人はよく混同される。もともと福禄寿から寿老人がつくられたとされることから、時代を経て、日本における二神は、いろんな面において、混同されているようだ。それが正しいとも、間違っているとも言い切れない。

ひょっとすれば、もはや、姿形は単なる象徴のようなもので、人々が信心できる何かがそこにあれば、いいのかもしれない。偶像は崇拝するものでなく、崇拝する心を生み出すものなのだから。

とにかく、といっては神様に失礼だけれど、あたまの長い、白鬚の寿老人に、「福徳智慧」のご利益を願う。

この寺には「幽霊絵馬」や「鹿皮衣」など伝説エピソードがいくつか残る。

調べてみれば好奇心を満たしてくれるかも知れない。

住 京都市中京区寺町通竹屋町上る行願寺門前町17
☎ 075－211－2770
時 8:00～16:30
交 地下鉄烏丸線「丸太町」下車、徒歩約10分。
京阪電車「神宮丸太町」下車、徒歩約10分。
市バス「河原町丸太町」下車、徒歩約５分。

頭の長～い寿老人像。頭巾をかぶっているようにも見える

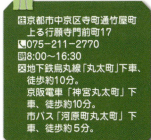

恵

京都《きょうと》ゑびす神社《じんじゃ》

　行願寺から寺町通りを南に歩く。寺町どおりは、秀吉の京都改造によってお寺が集められた通り。仏具等寺院に関係する店や、紙細工・象牙細工・琴・三味線等の細工人の店が並んだ。信長が討たれた本能寺もこの通りに移されており、江戸期には東海道五十三次の終点が寺町三条に据えられていたという、古くから栄えていたところである。今、美術商や茶店、骨董店やブティックなどが立ち並ぶ。新旧のまち並みが京都のひと時代を物語る。

　信長の討たれた本能寺に立ち寄ってみる。大きなお堂の裏手に、信長公廟がある。本能寺の変のころには、この地の西南方角、堀川四条あたり、堀川高校の少し東に本能寺はあった。そこには今、石碑が立っている。

◆◆◆

　本能寺を裏口から河原町、木屋町通へと抜け、さらに人ごみをさけて先斗町の「先斗町歌舞練場」の前をすぎ、路地通を抜けて、鴨川へ。四条の橋を渡り、南座を横目に南にくだれば、「ゑびす神社」がある。建仁寺という大きなお寺の西になる。

　このえびす社は、西宮のえびす宮総本社「西宮神社」と大阪の「今宮

老いも若きもえびす様にお祈りする

戎神社」とともに「日本三大えびす」のひとつに数えられる。鎌倉時代に建仁寺の鎮守として造られた。

御祭神の「八代言代主大神」は、「事代主」のことで、蛭子とともに恵比寿天と同一視される神様のひとり（一柱）。まさに恵比寿様である。新旧と思われる二体（柱）の恵比寿像も境内にみられる。

境内に新旧二柱の恵比寿様が並ぶ

「商売繁盛」に「笹」というイメージは、ここ京都ゑびすから始まったという。「商売繁盛」「家運隆昌」のご利益がある。特に、創建の栄西禅師が中国から無事、帰朝した際に祀られたことから、「交通安全の神」としてのご利益が大きいとされる。

一月の「十日ゑびす大祭」は五日間にわたって行われ、東映女優さんが乗る「宝恵かご社参」や舞妓さんによる「福笹・福餅」の授与、また古式ゆかしい神事がいろいろと行われる。

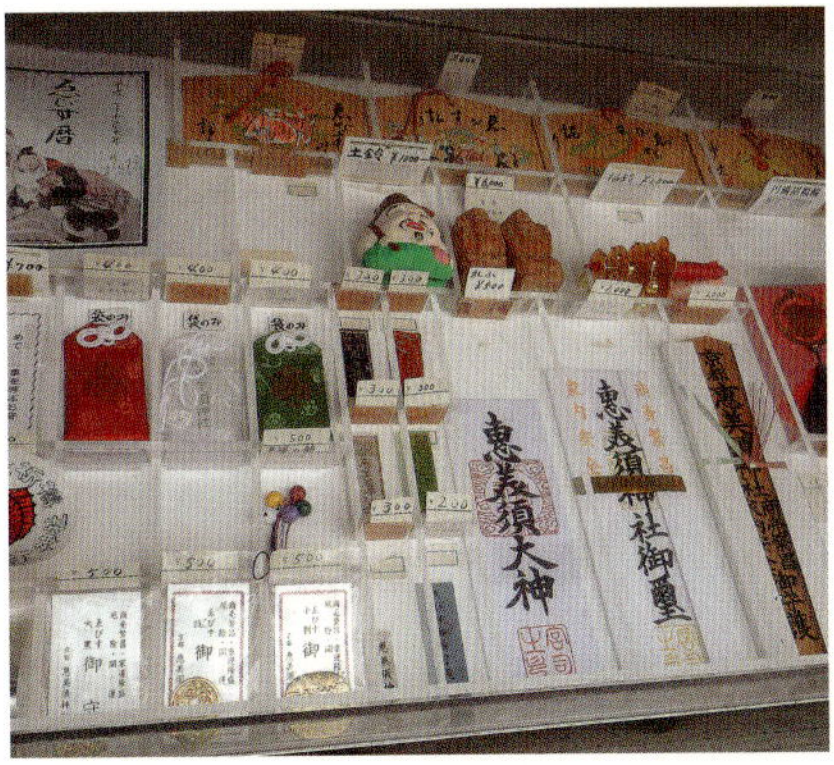

ご利益グッズもいろいろ

七福神めぐり・七寺社のご朱印が押された額も売っている

住 京都市東山区大和大路四条南
☎ 075−525−0005
時 9:00〜16:30
交 京阪電車「祇園四条」下車、徒歩6分。
阪急電車「河原町」下車、徒歩８分。
京都市バス17・205系統「河原町松原」下車、徒歩約5分。または31・46・201・203・207系統などで「四条京阪前」下車、徒歩約5分。

弁

六《ろく》波《は》羅《ら》蜜《みつ》寺《じ》

六波羅蜜寺は、ゑびす神社の東南にある。

名称からして仰々しいが、平安時代に醍醐天皇の皇子ともいわれる空也上人により創建されたと聞くと、それも納得できる。空也は京都に流行した疫病を、歓喜踊躍しながら念仏を唱え、退散したという。後に「踊り念仏」と呼ばれる念仏の源流を築き、また社会事業などを行った有名な僧侶。口から仏様を吐き出すような姿の像や絵がよく見られる。

六波羅蜜とは、仏教用語で、悟りの世界にいたる六つの修行のことをいう。

それは、布施・持戒・忍辱・精進・禅定・智慧。

それを簡単に書きくだすと、布施…見返りを求めずほどこしをする。持戒…清廉な心で自らを戒める。忍辱…どんな辱めにも耐えしのぶ。精進…たえまない努力。禅定…冷静に自分をみつめる。智慧…物事を正しく捉え、判断する知識や智恵を身につける、ということになろう。俗人の私に、できるかな。

弁財天はお寺の入り口すぐにお堂があり、祀られている。

お堂には「福寿弁財天」「都七福神ノ一」とある。弁財天は見目、出身のインド風でいささか派手派手しい。うすい衣をまとい、ヘンテコな琵琶を抱え、片膝をたて、金色に輝く姿が勇ましく見える。御真言も記してある。

福寿弁財天

お寺の案内によれば「現世に生かされている全ての人々は、愛別離苦（愛するものとも何時かは、分かれなければならない）、怨憎会苦（い

中に福寿弁財天が鎮座する

銭洗い弁財天

住京都市東山区松原通大和大路上ル2丁目
轆轤町81－1
☎075－561－6980　時8:30～17:00
交京阪電車「清水五条」下車、徒歩7分。
阪急電車「河原町」下車、徒歩15分。
京都市バス206系統「清水道」下車、徒歩7分。

やな事にも逢わなければならない）等の苦があるが、弁天さまにお祈りすることによって、あたかも清き水が全ての汚れを清める如くときはなたれます」とある。

境内の奥には、「銭洗い弁財天」もあり、お金を水で清める。

毎月七日は、「巳成金弁財天御縁日」とし、十一月には「弁財天巳成金特別祈願界」というのも行われている。寺には、重要文化財も多い。

萬《まん》福《ぷく》寺《じ》

都七福神めぐりの最南端となるのが萬福寺。

京都市をはなれて、宇治市となる。萬福寺はインゲン豆で知られる僧侶・隠元が開基した黄檗宗《おうばくしゅう》の禅寺。関ヶ原の合戦からいえば六十年ほど後に、建てられたお寺である。黄檗宗は臨済宗、曹洞宗につぐ日本の三禅宗のひとつ。ここが本山となる。

隠元は、中国から招かれた高僧で、インゲン豆だけでなく、スイカやレンコン、タケノコから、美術・建築・印刷・音楽・医術にいたるまで、いろんな文化を持ち込んだ。お寺や仏壇につきものの木魚も隠元が日本にもたらしたという。

普茶料理という精進料理も伝え、予約をすれば、今でもいただける。もちろん、禅寺は、座禅や写経、作務などの体験や研修もできる。

中国とのつながりが深い寺で、お経も中国語を基調とする発音で、鐘や太鼓で奏でる音楽にのせて読経される。とても、面白い。面白いといっていいのか分からないが、体にしみ込む感じがする。

ここでの七福神は布袋尊。

総門、三門をすぎ、天王殿に鎮座している。

満面の笑みで、どかっと座する金色の布袋様がたのもしくもあり、少少異様でもある。

住宇治市五ケ庄三番割34
☎0774-32-3900
時9:00～17:00
交JR奈良線・京阪電鉄宇治線「黄檗」下車、徒歩約5分。

ここの祈願の方法は独特で、五色の袋から願いに応じてひとつを選び、お札《ふだ》に願いごとと名前を書いて袋にいれる。それぞれ「健康長寿」「交通・家内安全」「恋愛・学業成就」「金運向上・商売繁盛」「厄除・病気平癒」などのご利益がある。

お寺は、かなり広く、回遊できる。日本の寺の造りとは違うように感じられた。

三門。中は中国風の境内が広がる

この門をくぐれば御影堂・毘沙門堂などがある

毘 東《とう》寺《じ》

東寺は高野山とならぶ弘法大師空海のお寺で、平安遷都の折りに国家により建てられ、のちに嵯峨天皇が空海に託した寺である。千二百年以上の歴史をもち、平成六年には世界遺産として登録されている。日本初の密教道場で、五重塔が美しい。

◆◆◆

お寺の案内に従い、まずは御影堂《みえどう》を訪ねる。大師堂とも呼ばれ、ここは大師が住んでいたところ。

毎朝六時に生身供《しょうじんく》という法要がある。案内では「弘法大師空海が唐より持ち帰った仏舎利を頭と両手にそっと授けていただく」という儀式。誰でも参加できるようである。

空海は、真言宗の開祖で、本物の密教を日本に持ち帰った人物。先に、伝教大師最澄が日本に始めて密教をもたらしたと書いたが、最澄の学んだ密教は、いわばジグソーパズルのいくつかのかけらのようなもので、完成した密教は空海が持ち込んだ。後に、最澄は空海に学び、また決裂するという、日本を代表する二人の大僧侶をめぐる、宗教史上最も大き

三面大黒天のあるお堂

な出来事といえるような、ひとつの物語が生まれている。

東寺の「毘沙門天」は兜《と》跋《ばつ》毘沙門天。像は国宝、宝物館に安置され、春と秋の特別公開期間でしかお目にかかれない。

兜跋毘沙門天像は、もとには平安京への入り口、羅城門の桜上にあり、平安時代末期に東寺に移されたという。「王城鎮護」を担っていた毘沙門天は、「財宝」と「福徳」の神様として崇められている。

普段なら、御影堂の裏手にある毘沙門堂で、天を思い浮かべながら願い誓うのがいいだろう。もちろん、御真言も記されている。

御影堂や毘沙門天堂のある一角に、三面大黒天の祀られている大黒堂もある。空海の彫った像と伝えられている。

「大黒天」「毘沙門天」「弁財天」三尊のご利益が一度に授かることができる。

毘沙門堂には御真言も

住 京都市南区九条町1
☎ 075−691−3325
時 3月20日～4月17日
8:30～17:00
4月18日～9月19日
8:30～18:00
9月20日～3月19日
8:30～16:30
（受付終了は30分前）
交 JR「京都」（八条口）下車、徒歩15分。
近鉄「近鉄東寺」下車、徒歩10分。
京都市バス「東寺東門前」下車、徒歩1分。

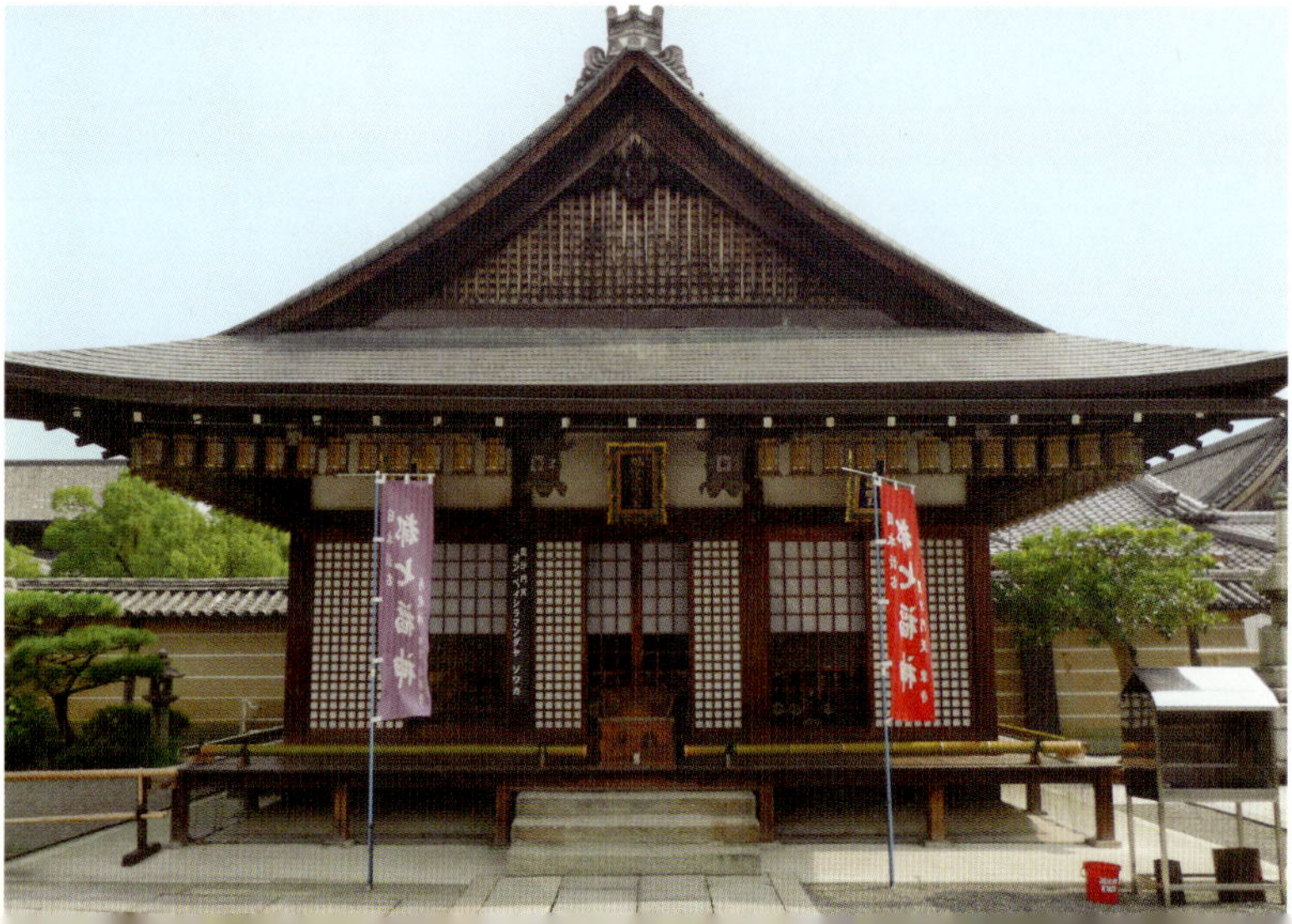
毘沙門堂

大阪七福神めぐり

◎三光神社（寿老人）
◎長久寺（福禄寿）
◎法案寺（弁財天）
◎大乗坊（毘沙門天）
◎大国主神社（大黒天）
◎今宮戎神社（恵比寿）
◎四天王寺（布袋尊）

「大阪七福神めぐり」は、江戸時代の文化四年（一八〇七）に始まったとされ、その後途絶えたが、大正時代に復活し、現在にいたるとある。七福神めぐりの流れとして、戦争で資料を紛失し履歴が分からなくなったり、また、昭和三十年前後の高度経済成長などによるのか、この時代で廃絶されたものが多いようだ。再び、「めぐり」が設定されるようになったのは昭和五十年あたりといった様子である。大阪七福神めぐりも息づいていたものの、同様の流れではないかと思われる。

ともかく、江戸時代に設定され、大正期に大いに盛り上がり、現在も続いている七福神めぐりを辿ってみたい。北から南へと下った。

七寺社の七福神御朱印

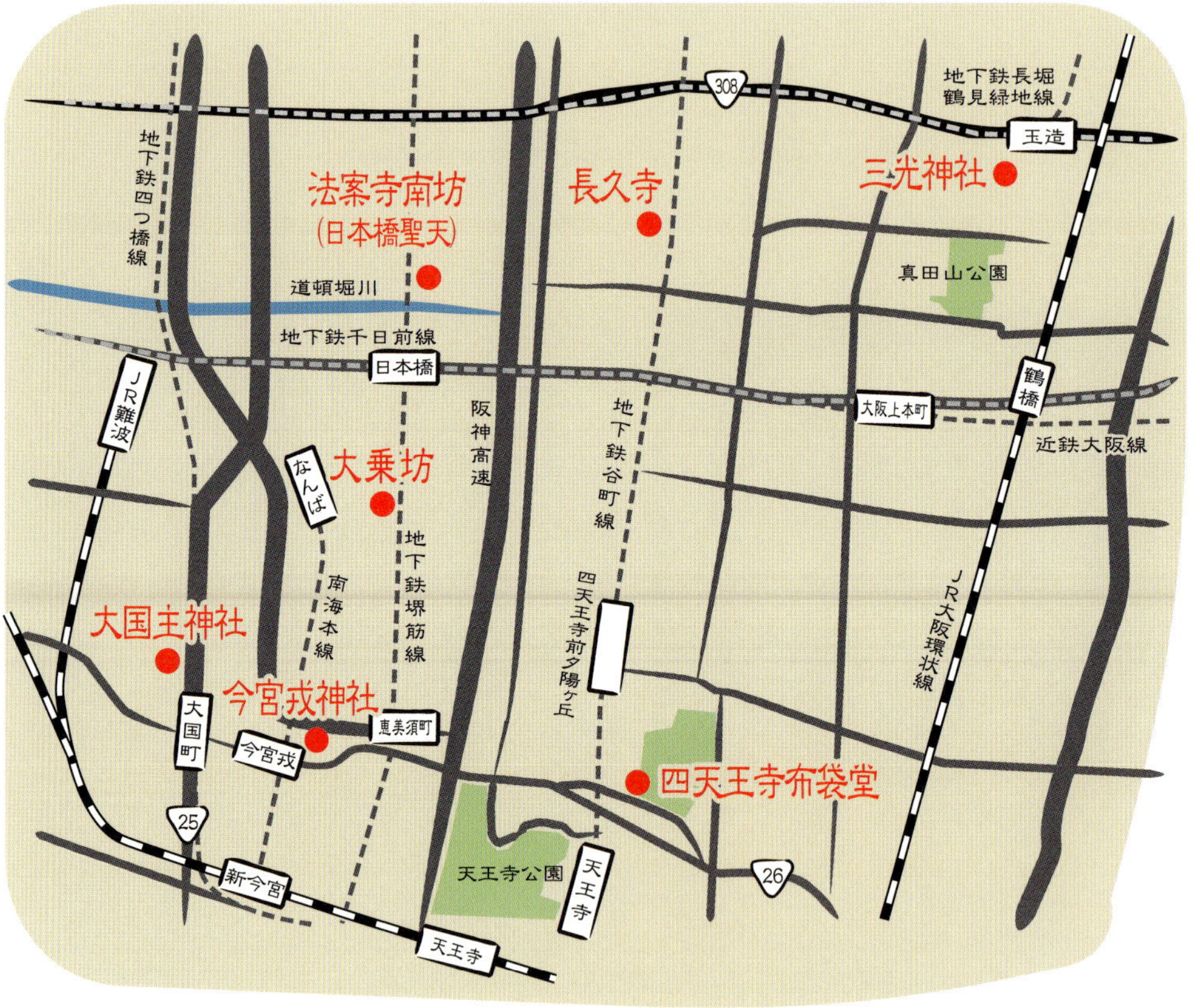

法案寺南坊
(日本橋聖天)
長久寺
三光神社
大乗坊
大国主神社
今宮戎神社
四天王寺布袋堂
地下鉄四つ橋線
道頓堀川
地下鉄千日前線
日本橋
JR難波
なんば
南海本線
地下鉄堺筋線
阪神高速
地下鉄谷町線
四天王寺前夕陽ケ丘
地下鉄長堀鶴見緑地線
玉造
308
真田山公園
大阪上本町
鶴橋
近鉄大阪線
JR大阪環状線
恵美須町
今宮戎
大国町
25
新今宮
天王寺
天王寺公園
26

寿

三《さん》光《こう》神《じん》社《じゃ》

三光神社には、寿老人が祀ってある。神社では「寿老神」と表記している。

木立の下に立つ寿老人像

三光神社の創建は反正天皇の時代、西暦でいえば四〇〇年ごろにあたるのだろう。

この神社の散策ポイントは、大阪城からの抜け穴があるとされること。「真田の抜け穴」という。豊臣家と徳川家康が争った「大坂冬・夏の陣」で活躍した真田幸村が造ったもの。籠城戦のなか、ただひとつの城外の砦として重要な役目を果たした真田出丸跡（真田山）とされる場所まで続いていたという。それが三光神社ということになろうが、大阪明星学園付近ではないかとも言われている。

どちらにしても、大阪城から真南に二キロ近く隔たったこのあたりまで抜け穴が掘られていることになる。

神社の中には「真田の抜穴跡」という石碑が立てられていて、石垣で囲われ、鉄格子で閉じられた洞窟が

幸村の銅像と奥には抜け穴

ある。封鎖されているらしく、辿った人もいないようである。石垣の上には、幸村の象徴とされる六文銭のマークがついた楯と、大砲が飾られている。脇には、幸村の大きな銅像も立つ。

◆◆◆

末社を探していると案内板も見られた

さて、寿老神（人）は、神社の本殿前に、緑に染められた像が立てられている。近年につくられたもののようで、ご神体としての寿老神は、境内のなか、武内宿彌社という末社に祀られている。

その昔、古代、武内宿彌《たけのうちのすくね》という伝説の人物がいて、二百五十年近く、五代にわたる天皇に仕えたといい、その長寿が寿老人に重ねられ、祀られた。

二百年も人が生きられる訳はないので、相当盛られた話ではあるが、その時代においては、かなりの長寿だったのであろう。

長寿は長生きの人にあやかりたい。ご神体の祀られた小さな末社殿は、扉が閉じられており、中を見ることはできなかったが、手を合わせて拝むことにした。

本殿に向かう階段

住 大阪市天王寺区玉造本町
14-90
☎ 06-6761-0372
交 JR環状線「玉造」下車、徒歩
5分。
地下鉄長堀鶴見緑地線「玉造」
下車、2番出口より徒歩2分。

禄

長《ちょう》久《きゅう》寺《じ》

三光神社から、西に二キロほど行けば、長久寺がある。三光神社から南に下り、スポーツセンターのある真田山公園の前の道をひたすら、西に向かう。比較的高いビルが空をふさぎ、幹線道路をわたったところに長久寺がある。

七福神めぐりでは、福禄寿となる。

長久寺は、戦国時代に秀吉の側室である淀君が、嫡男・秀頼の武運を祈り造らせたお寺で、現在、伽藍は奈良の薬師寺をはじめ、各地の寺に移転されており、ここは鉄筋コンクリートのビルとなっている。

中に入るとチャイムがなり、お寺さんが出てこられたが、「福禄寿さんにお参りを」と言うと、「どうぞ、どうぞ」と微笑み、自身は中に戻られた。お寺というより、民家のような感じだったが、福禄寿は玄関先に祀られていた。

福禄寿様には失礼な書き方かもしれないが、「こんなのほしいなぁ」と思わせるようなご神体だった。どっしりと落ち着き、歴史を感じられる。

願い、誓うのも忘れてボーッとつっ立ったまま、しばらく眺めていた。個人的な感想だけれど、これまで見たご神体の中でも一、二をあらそう味わい深さだった。

住大阪市中央区谷町
8-2-49
☎06-6761-1363
交地下鉄谷町線「谷町9丁目」
2番出口より徒歩9分。
地下鉄谷町線「谷町6丁目」
4番出口より徒歩5分

道路の拡張などで今はビル仕様となっている

辯財天堂

弁

法《ほう》案《あん》寺《じ》

長久寺から法案寺へもさほど距離はないので歩くのがお勧め。

法案寺の開基は聖徳太子といい、創建当時から何度かの移転を繰り返し、現在の地にある。もともと、四天王寺と同じほど大きなお寺だったというが、秀吉の大坂城築城や明治の神仏分離令、また第二次世界大戦などで規模が小さくなっていった。

大阪を代表する歓楽地・道頓堀の近く。ひっかけ橋で有名な戎橋からみれば、東に六百メートルほど。七、八分も歩けばいたる。

長久寺からの道程には、大阪で有名な玉出スーパーも見られる。大阪の人間からすれば、当たり前のスーパーだろうけれど、余所者からすれば、黄色背景に赤文字の看板がやけに興味をそそる。スーパーの角を南に折れて、道頓堀川の手前を西に進めば到着する。

◆◆◆

本尊は薬師如来。いくつかの神仏が祀られる。なかでも「聖観世音菩薩」は重要文化財で、元旦から一週間開扉されるという。さらに、ここに祀られる歓喜天は「日本橋の聖天

飲食店街に少し異質感のある山門が立つ

こぢんまりとした境内は昭和の落ち着きがある

さん」として有名で、聖天さん目当ての参拝者も多いらしい。歓喜天は七福神の三神と同じく、元々インド・ヒンドゥ教の神様。ガネーシャが起源とされる。

ゾウの顔をもち、二柱の神様が抱き合った姿で表現されることが多いらしい。とても「力の強い神様で、ご利益が高い分、約束を守らない人にはとても厳しい罰を与える」との説もある。ハイリスク・ハイリターンの神様かも知れない。金運、男女和合などのご利益をもつ。

七福神めぐりの弁財天は辯財天堂に祀られている。

ご神体は、ふくよかな童子のような顔立ちで、胡坐で琵琶を抱える木彫りの姿が拝める。やさしさのあふれる弁天様といえる。

お寺のつくりもこぢんまりと落ち着いており、本堂の板張りの回廊や格子のガラス張り引き戸が弁天様と一緒に、昭和の雰囲気で迎えてくれる。

住 大阪市中央区島之内2−10−14
☎ 06−6211−4585
交 地下鉄千日前線・堺筋線または近鉄「日本橋」下車、徒歩5分

ご神体の弁財天像

毘

大《だい》乗《じょう》坊《ぼう》

弁天様の法案寺から毘沙門天の大乗坊へと向かう。

このあたりは大阪ミナミの中心地で、大乗坊からみて東北に国立文楽劇場、北西近く、千日前、吉本興業のなんばグランド花月、西に地下鉄や南海のなんば（難波）駅、なんばパークス、高島屋など、ランドマークが目白押しとなる。

大阪の台所といわれる黒門市場や、最近テレビなどのマスコミで食品サンプルが取り上げられて知名度をあげた道具屋筋もある。テレビでよくみかける元祖たこ焼き屋台、かに道楽やグリコの看板等も近場にある。食や遊興にはこと欠かない。

そんな中、大乗坊の所在地は日本橋になる。日本橋には、電器店が立ち並ぶ電気街「でんでんタウン」があり、東京は東の秋葉原・アキバに対して、大阪は西の日本橋・ポンバシともいわれている場所である。

コテコテの大阪のまち並みのなか、雑居ビル群に囲まれるように大乗坊がある。

江戸時代には広大な寺域を誇っていたというが、今は、ごく小さな境内である。「長町の毘沙門さん」として地元で慕われている。

◆◆◆

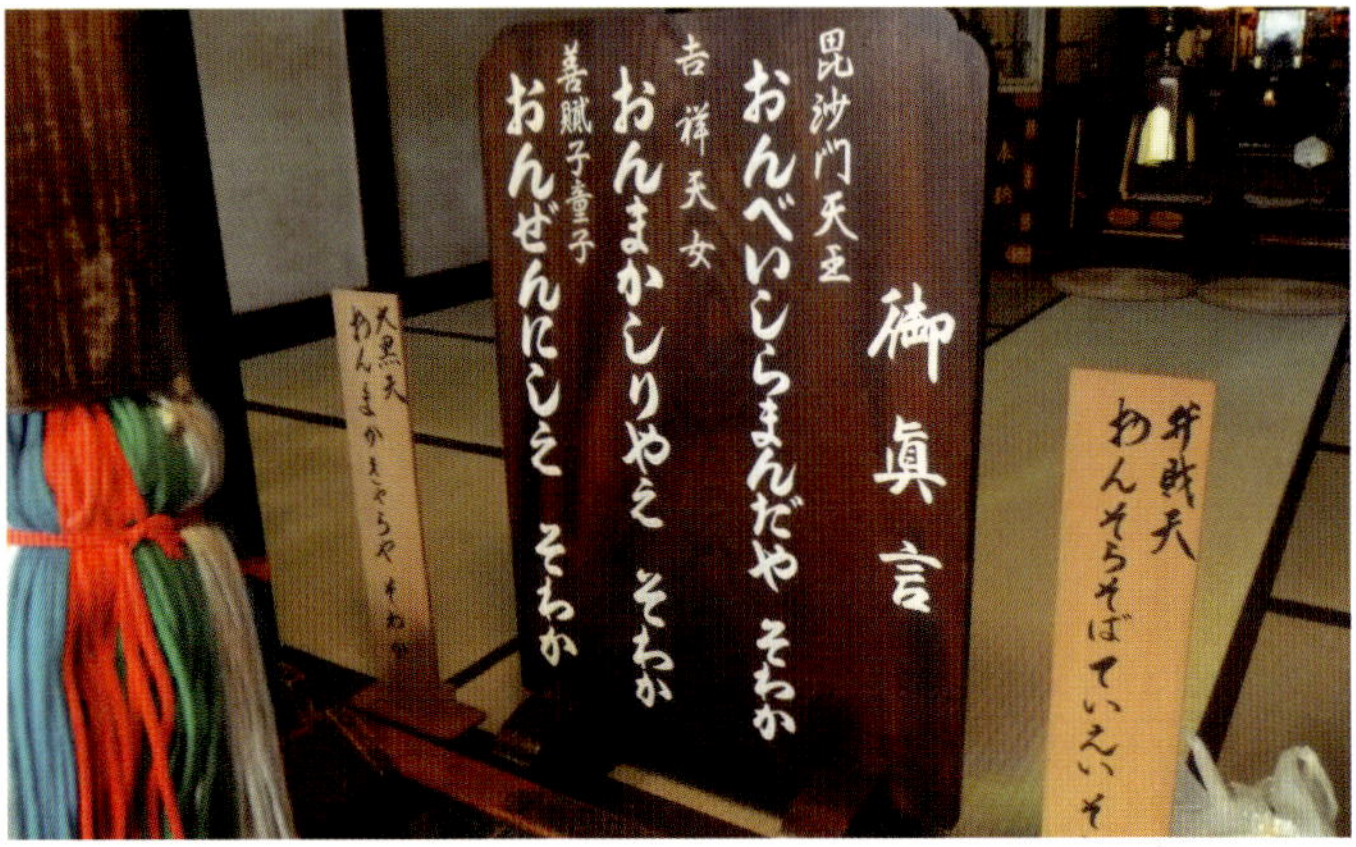

さまざまな神仏の御真言が掲げられる

ここの毘沙門天は、本尊秘仏の「毘沙門天王立像」で、日本の四毘沙門天王像の一つ。浪速区の案内によれば、「五月と十一月の第二日曜日に御開帳される」。訪れた折りに見た毘沙門天像も、立派。これって、本尊秘仏と間違うほどだ。左手で剣を振りかざすようにみえる姿が勇ましい。

毘沙門天の妃や妹といわれる吉祥天も祀られている。吉祥天は弁財天と混同されたり、また、弁財天にかわり、七福神のひとりとして挙げられることもある。ほかにも、七福神では、毘沙門天のほかに、弁財天や大黒天も祀られている。

ウィークディの昼下がりにもかかわらず、幾人かが訪れ、家族連れがローソクをともし、初老の男性が、帽子をとり拝む姿が見られた。

仏間には神仏に引き込まれていく感覚がある

住 大阪市浪速区日本橋3−6−13
☎ 06−6643−4078
交 地下鉄千日前線・堺筋線または近鉄「日本橋」下車、南へ約400m、高島屋別館向かい側の通りを西へ入る。
南海「難波」下車、南館一階東出口より徒歩約3分。

一歩踏み込めば、都会の喧噪から離れた世界がある

黒

大《おお》国《くに》主《ぬし》神《じん》社《じゃ》

胴の真ん中に太陽を抱える日出大国

大乗坊から南西に向かい、四ツ橋筋という幹線道路をわたると道路沿いに大国主神社がある。地元では「木津の大国さん」という愛称で知られる。実は大国主神社は、敷津松之宮神社の摂社なのだが、「大国さん」のほうが名が通っているようである。

敷津松之宮神社は歴史があり、神功皇后が朝鮮出兵から帰国する際に、荒波を抑えるために松を植え、その下にスサノオを祀ったのが始まりとされている。西暦でいえば、諸説あるようで何ともいえないが、三〇〇年代後半から四〇〇年代前半という。古墳時代あたりということだろう。

この神功皇后の朝鮮出兵と呼ばれる出来事は、神社の創建由緒などによく登場する。西宮の廣田神社をはじめ、神戸の長田神社や生田神社、本住吉神社など大社由緒の神社がある。このころに創建されたこれらの神社の由緒では、神功皇后摂政元年、西暦では二〇一年とされているものが多いようである。実際には三〇〇年代後半から四〇〇年代前半あたりになるとみられるが、どの西暦が正しいかの結論は出ていないようである。

境内は広く整然としている。正面に見えるのが大国様の社殿

もどって、大国主神社（摂社）は江戸時代の延享元年（一七四四）に出雲大社から勧請《かんじょう》されたと伝わる。勧請とは分霊を迎え祀ることをいう。

出雲大社は神の国として知られる出雲の国の中心で、そのなかでも大国主大神を祀る神社。つまり大国様のルーツともいえる。やがてインドをルーツとする七福神のひとり（一柱）大黒天と同一視されるようになる。

ところで、出雲大社といえば「縁結びの神」として知られるが、男女の恋愛だけでなく、人が「幸福と結ばれる」という縁も築く「むすびの御霊力」にあやかれるという。ということで、この大国様も「縁結び」のご利益が高いのだろう。

大国殿に祀られる大国様は、どこかユーモラスな風体で、瞑想のポーズをとる大きな木像である。胴体の真ん中に大きな赤い円が目立つが、どうやら神像は「日出大国」と呼ばれるものらしく、赤い円は日の出を表したものだろう。

いろんないいご縁と、商売繁盛を願って、神社をあとにした。

神社のすぐ近くには「大国町」駅や「大国」という交差点があるが、もちろん、神社名に由来する。神社の位は高いようだ。

住 大阪市浪速区敷津西1−2−12
℡ 06−6641−4353
交 地下鉄御堂筋線・四つ橋線「大国町」下車、徒歩2分。

敷津松之宮の社殿にも大黒様

恵

今《いま》宮《みや》戎《えびす》神《じん》社《じゃ》

金色に輝く戎は金運がアップしそう

大国主神社から東に歩いて五、六分。今宮戎に到着する。

　ここはえびす宮総本社の西宮神社、京都ゑびす神社とともに日本三大えびすのひとつ。聖徳太子の活躍されたころに創建された。まぁ、聖徳太子が実在の人物だったかどうかはともかく、飛鳥時代、西暦では六〇〇年前後のころである。

　えびす神は海の神様で、もともとの信仰は海沿いの神社から、というイメージが強いが、はたして、大阪のこのあたりも、この時代には海が迫っていた。というより、今の大阪市のほとんどは海の底だったというほうが正しいかも知れない。

　海辺にあった神社は、漁の恵みがあり、市場ができ、その市の守り神となり、やがて「福徳の神」「商業繁栄の神」として信仰が深まっていった。神社は、時代が進むにつれて商業の町として発展をとげる大阪と相乗効果をえて、賑わいをみせた。近年の十日戎の祭りには三日間で百万人の参詣者を迎えるほどに人気がある。

　報道でよくみかける「福娘」や「宝《ほ》恵《え》駕《かご》」などはこの神社の看板行事と

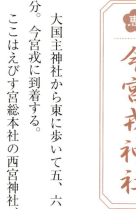

なっている。
テレビでみかける神社は福娘さんや、大きな福笹を持った人々でごった返していて、それは賑やかだが、なんでもない日には、閑散としている。私が訪れたときも、二、三人の参詣者と、神社の関係者が一人、二人境内を横切るだけだった。

ご朱印の「授与所」があり、大阪七福神のご朱印見本等もおいてあった。肝心のご神体は、扉が閉じられていて、拝むことはできなかった。

人ごみと賑わいのイメージとのギャップで、神社の境内もさみしく感じられた。でも、人が少ないということは、神様も余計に願いを叶えてくださる、ということなんじゃないか、ゆっくり、人目を気にせず、福運を祈る。

ちなみに、「大阪三大えびす」もあるようで、ここ今宮戎と、堀川戎、天満天神えびすだという。

住大阪市浪速区恵美須西1−6−10
☎06−6643−0150
交地下鉄御堂筋線「大国町」3番出口より東へ徒歩5分。
地下鉄堺筋線「恵美須町」5番出口より西へ徒歩5分。
南海高野線「今宮戎」下車すぐ。阪堺線「恵美須町」西へ徒歩5分。
JR「新今宮」下車北へ徒歩10分、または南海高野線に乗り換え「今宮戎」下車すぐ。

いろんなお守り・福グッズも販売されている

布

四《し》天《てん》王《のう》寺《じ》

大阪七福神めぐりの最後は、四天王寺で締めくくる。

四天王寺は飛鳥時代に聖徳太子が建てたとされるお寺。物部氏と蘇我氏の争いで、仏教を擁護する蘇我氏についた聖徳太子が、勝利を祈願したときの誓いをはたし創建した。

布袋堂。外にも中にも布袋像が見られる

甲子園球場の三倍もあるという境内には、伽藍が立ち並び、宝物館には数えきれないほどの国宝や重要文化財が収蔵されている。大阪随一の規模と歴史を誇る寺であろう。

今宮戎神社から四天王寺までの道中、「安居天満宮」という神社を見かけた。真田幸村が戦死した場所らしい。なんでも神社にあった一本松の下で亡くなったそうで、社殿の横には石碑と銅像がおかれ、銅像をさわり、幸村を偲んでほしいというような案内板があった。

◆◆◆

幹線道路沿いに進むと、自然と四天王寺にたどりつく。

西大門＝通称・極楽門。功徳を積む転法輪がある

大きな鳥居をくぐり、りっぱな山門の手前に布袋堂がある。

七福神のひとり、布袋尊はこの布袋堂に祀られている。

三面大黒天のある大黒堂

「乳のおんばさんのお堂」と呼ばれ、赤ちゃんに飲ませる乳がよくでて、健康に育つようにという願いがかけられるらしい。寺の案内でも布袋と乳の関係は分からないようで、「聖徳太子の乳母を祀ったのが始まりで、布袋の乳の豊かさとが結びついたのではないか」としている。

布袋堂の前には、いかにも布袋さんという像がおいてある。「なで布袋尊」と記してあり、撫でてお参りをすれば「福」をよび、「財」をよび、「無病息災」「諸願成就」のご利益がある。堂の中の、ご神体であろう布袋さんといえば、たいていの寺社がそうであるように、撮影禁止。なので、脳裏に焼き付けたけれど、布袋像は、非常に素朴に感じられた。仏像・神像には、ときおり稚拙なものがあり、それだけ古い時代につくられたものも多く、この布袋さんもそうなのかもしれない。何かの謂れがあるのかも。

広大なお寺の北西角には大黒堂もある。堂の本尊は三面大黒天。大黒・毘沙門・弁財天の三つの顔をもつ。こちらは「子孫繁栄」「福徳智慧」「商売繁盛」のご利益がある。ご神体は閉ざされた扉の奥に安置されているようだった。

住 大阪市天王寺区四天王寺1−11−18
☎ 06−6771−0066
時 4〜9月 8:30〜16:30　10〜3月 8:30〜16:00
（21日・会中は延長もあり）
交 ＪＲ環状線「天王寺」下車、北へ徒歩12分。
地下鉄御堂筋線・谷町線「天王寺」下車、北へ徒歩12分。
地下鉄谷町線「四天王寺前夕陽ヶ丘」下車、南へ徒歩5分。
近鉄南大阪線「阿部野橋」下車、北へ徒歩14分。

布袋堂の前にある布袋像。堂内にはご神体が安置されている

神戸七福神めぐり

◎須磨寺（福禄寿）
◎長田神社（恵比寿）
◎湊川神社（毘沙門天）
◎生田神社（弁財天）
◎大龍寺（大黒天）
◎天上寺（布袋尊）
◎念仏寺（寿老人）

「神戸七福神めぐり」は、比較的大きな神社仏閣の少ない神戸で、歴史の深い七つの寺社が集まって昭和六十二年に設定された。

福神めぐりとしては、歴史は新しいけれど、一つひとつの寺社に祀られる福神は、寺社の歴史をともなっている。

「七福神ご神影入り朱印・宝印帳」や「七福神宝船色紙」をはじめ、七つ集めると完成する副札などのお札やお守り、ご朱印帳もある。

神戸七福神めぐりの寺社は、所在地が離れていて、一日では回りきれない。

そのかわりと言っては変だが、市街地から、六甲山中、有馬温泉、須磨と、神戸の主要観光地をいくつかめぐることにもなる。

須磨では海の景色と平安の歴史を、長田では庶民の文化を、神戸・三宮では港の風情を、六甲山では一千万ドルの夜景を、そして、有馬ではゆったりと悠久の歴史の湯を。

神戸観光も兼ね、何日かをかけてゆっくり訪ねてみたい。

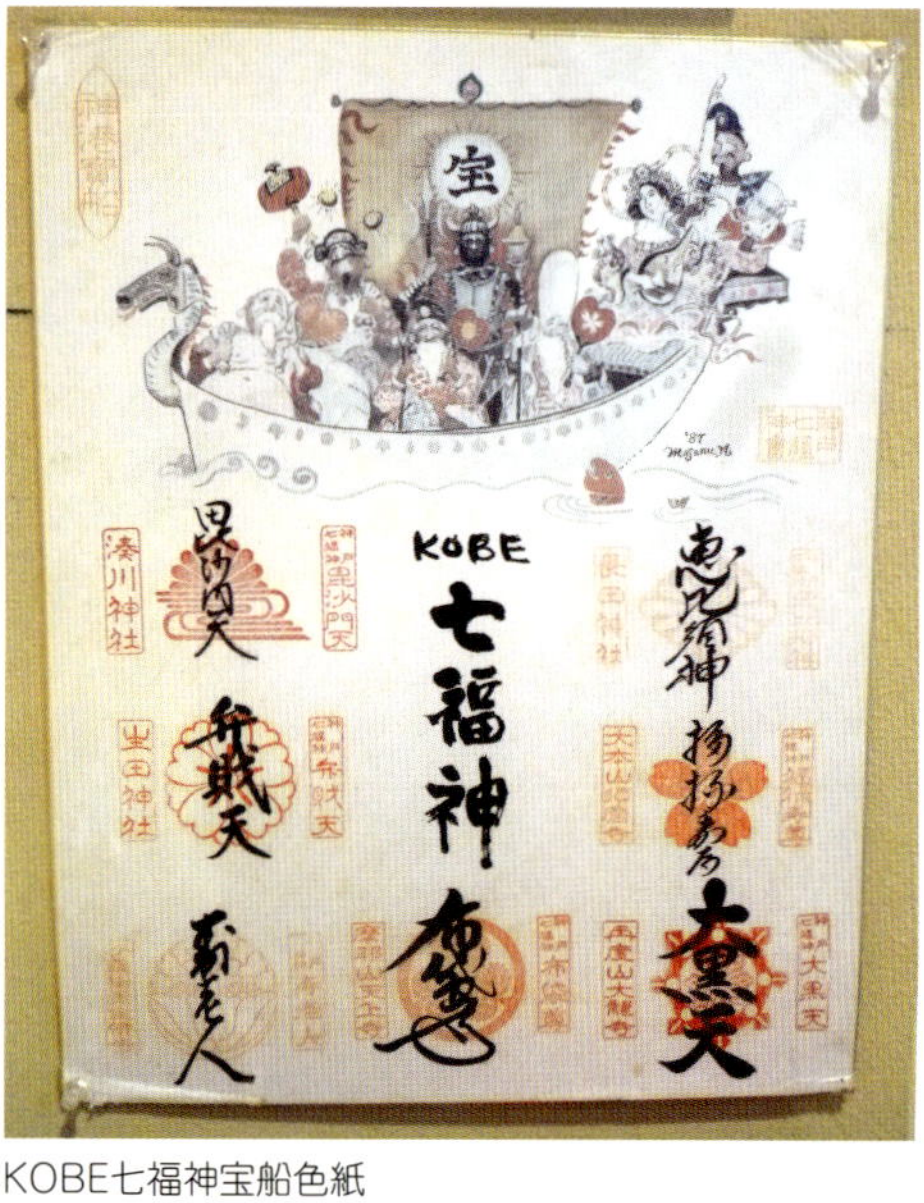

KOBE七福神宝船色紙

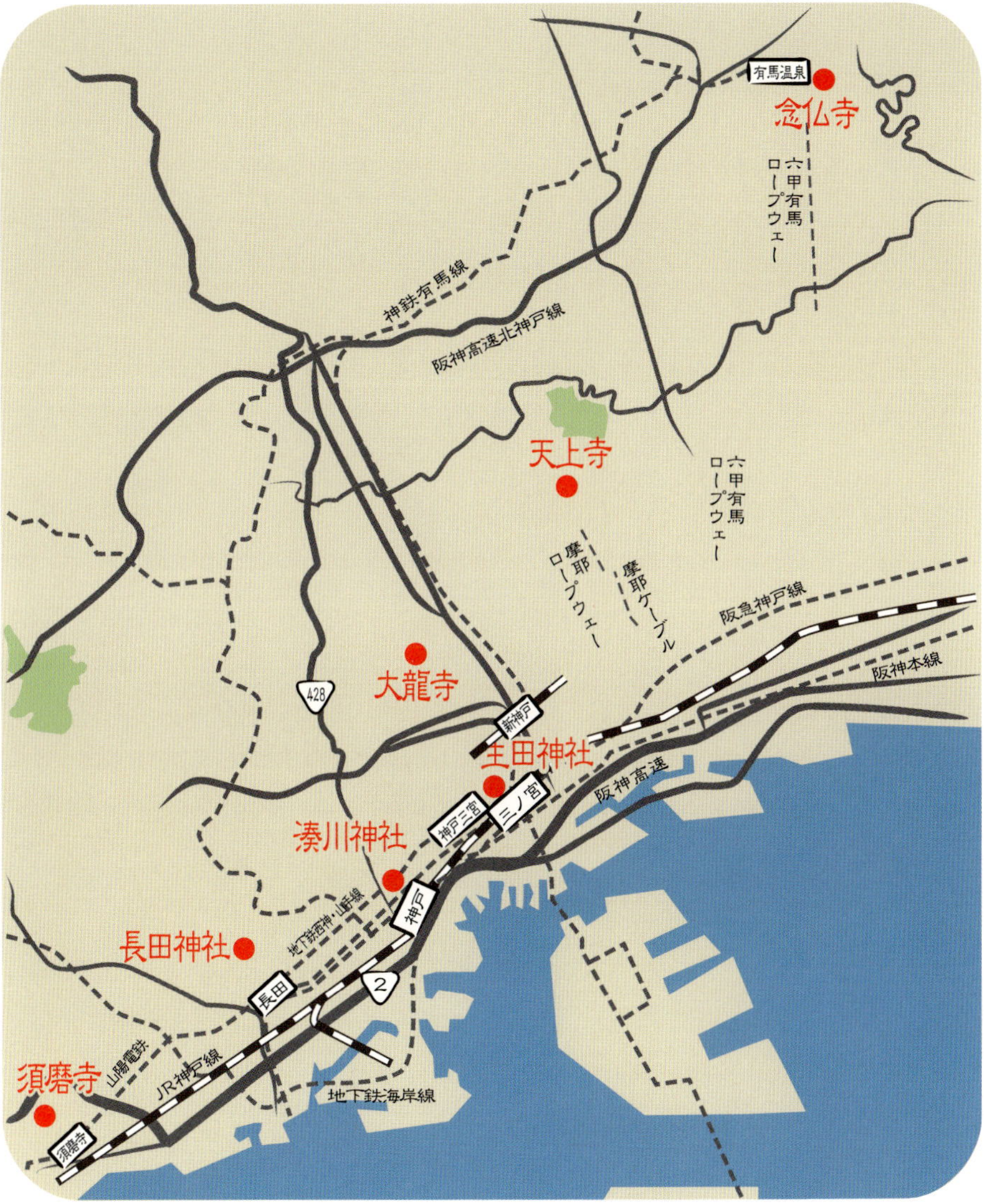
有馬温泉
念仏寺
六甲有馬ロープウェー
神鉄有馬線
阪神高速北神戸線
天上寺
六甲有馬ロープウェー
摩耶ロープウェー
摩耶ケーブル
阪急神戸線
阪神本線
大龍寺
428
新神戸
生田神社
三ノ宮
神戸三宮
阪神高速
湊川神社
地下鉄西神・山手線
神戸
長田神社
長田
2
須磨寺
山陽電鉄
JR神戸線
地下鉄海岸線
須磨寺

禄 須《す》磨《ま》寺《でら》

ここ須磨寺には「神戸七福神」の福禄寿がある。

それとともに、須磨寺のみで七福そろい、「奥の院七福神巡り」もできる。

須磨寺は、平安時代に建立された由緒深いお寺。神戸のお寺の中で、京都のお寺と比肩できるほどの大きな境内をもつ、唯一のお寺といえるだろう。

源平合戦の主戦場の一つといわれる一の谷にほど近い。源義経の腰掛けの松や弁慶の鐘、平敦盛の首塚なども残り、後の世には松尾芭蕉ら文人墨客もたくさん訪れている。

◆◆◆

七福神の「福禄寿」は神戸のパワースポットのひとつにあげられ、「笑いながら福禄寿尊の頭をなでるとボケ封じに」「体をなでるとガン封じになる」と噂される撫で仏様だ。パワースポットは言い換えるとご利益のもらえる場所。ここ須磨寺にはたくさんのパワースポットがある。

福禄寿（上）と「ぶじかえる」どちらからも福がもらえる

「ぶじかえる」もそのひとつ。可愛らしいカエルの置物で、目を回すとビックリでき、首を回すと借金がなくなるという。どうビックリできるのかは、やってみてのお楽しみといったところ。

二人がかりでないと持てない大きな「結縁数珠」は、首にかけると肩こりが治り、「七福神マニコロ」は回せば願いが叶うとある。マニコロとは摩尼車とも書く仏具のひとつ。くるくると回せば、その数だけお経を唱えたのと同じになるのだという。

モニュメントなどを使った仕掛けや、歴史遺産も多い。特に宝物館の展示品や石で作られた源平合戦人形

マニコロはクルクル回せば功徳が得られる

は、趣にとんでいる。

本堂に近い南西にある福禄寿に参ってから、「奥の院・七福神巡り」に向かってみた。

福禄寿は、御影石でつくられた人間大ほどの石像。長〜いアタマだけが妙に磨かれているのは、「福禄寿尊さんの頭を撫でて智慧袋のお徳をいただいてください」と記してある故のよう。石像に歴史のにおいはないけれど、にこやかに微笑む福禄寿様には何でも願いを聞き届けてもらえる気がする。

奥の院の「七福神巡り」は、「十三佛巡り」と対になっている。歩けば自然と十三仏から始まり、七福神までお参りができる。それぞれに神仏の特長が書かれており、御真言を三遍ずつ唱えながら、ご利益をいただく。

深い緑のなか、さながらご利益テーマパークのように巡礼できる。もちろん万人にひらかれている。駆け足なら二、三十分、じっくりまわれば一時間ほど、神仏の世界に浸ることができる。

宝物館の源平合戦人形。他にもたくさんある

住神戸市須磨区須磨寺町4-6-8
☎078-731-0416
時8:30〜17:00
交JR神戸線「須磨」下車、北へ徒歩12分。山陽電車「須磨寺」下車、北へ徒歩5分。市バス「天神下」下車、北へ徒歩12分。

恵

長《なが》田《た》神《じん》社《じゃ》

神戸市営地下鉄長田駅か神戸高速鉄道高速長田駅は、昭和来の商店が立ち並ぶ庶民的な長田のまち並みというよりも、幹線道路が通り、ビルや商店街、また民家がならぶ、いたって凡庸なまち並みといえよう。

恵比寿と大黒が並び鎮座する

でも、駅前に通る東西に走る幹線道路は、大化の改新あたりから存在する「古代山陽道」にあたり、江戸時代からは「西国街道」と呼ばれる旧街道である。今では面影もないが、平安時代には牛車が行き交い、江戸時代には飛脚が走ったに違いない。

◆◆◆

神社には駅から南北の道沿いに北に五分も歩けば到着する。

神戸の三大神社のひとつとされ、神功皇后が朝鮮出兵から帰るときに創建された由緒がある。西暦でいえば、二〇一年とされている。一説では三〇〇年代後半から四〇〇年後半あたりかともいわれている。どちらにせよ聖徳太子が活躍していた時代よりも、ずっとずっと前のことになる。

主祭神は事代主神《ことしろぬしのかみ》。つまり恵比寿様である。

鎮座して一八〇〇年超、神社の案内は「先の先までお見通しになられる福徳円満の神、厄除解除の神、開運招福の神、商売繁昌の神、更には護国鎮護の神、皇室守護の神」としている。主祭神は、本殿に祀られているが、末社に蛭子社があり、そこ

恵比寿像の横に蛭子社

に蛭子神も祀られている。もちろんというのもおかしな話だけれど、多くの寺社では、主祭神やご本尊の神像や仏像にはなかなかお目にかかれない。扉が閉じてある。

残念ながら、ここ長田神社もそのようであるが、蛭子社の脇には恵比寿様の石像がつくられており、祭神をイメージしながら参ることができる。蛭子像の横には出雲大社の大黒様も祀られている。いろんな説はあるけれど、長田神社では恵比寿様と大黒様は親子として、ふたりの石像が並べて祀ってある。

神戸七福神のひとつとしては恵比寿で、「開運招福・商売繁盛」の御神徳がいただける。社務所にいけば、ご朱印がもらえ、グッズなども揃えてある。

本殿の裏手に楠宮稲荷社という末社があり、中にご神木の楠がある。謂れから、このご神木にアカエイの絵馬をかけて願うと、「病気平癒・心願成就」のご利益があるという。特に、痔病に効くらしい。神木は木の柵でぐるりと囲われており、柵には数えきれないほどのアカエイの絵馬が掛けられている。お稲荷さんのキツネもしっかりと絵馬を見つめていて、一種独得の雰囲気がある。

神社の境内は京都などの大社に比べれば広くはないが、歴史は永く、「追儺神事」「神戸薪能」など神戸を代表する神事や芸能が伝わる。

住 神戸市長田区長田町3-1-1
☎ 078-691-0333
時 9:00～16:00
交 地下鉄「長田」下車、北へ徒歩7分。
神戸高速「高速長田」下車、北へ徒歩7分。

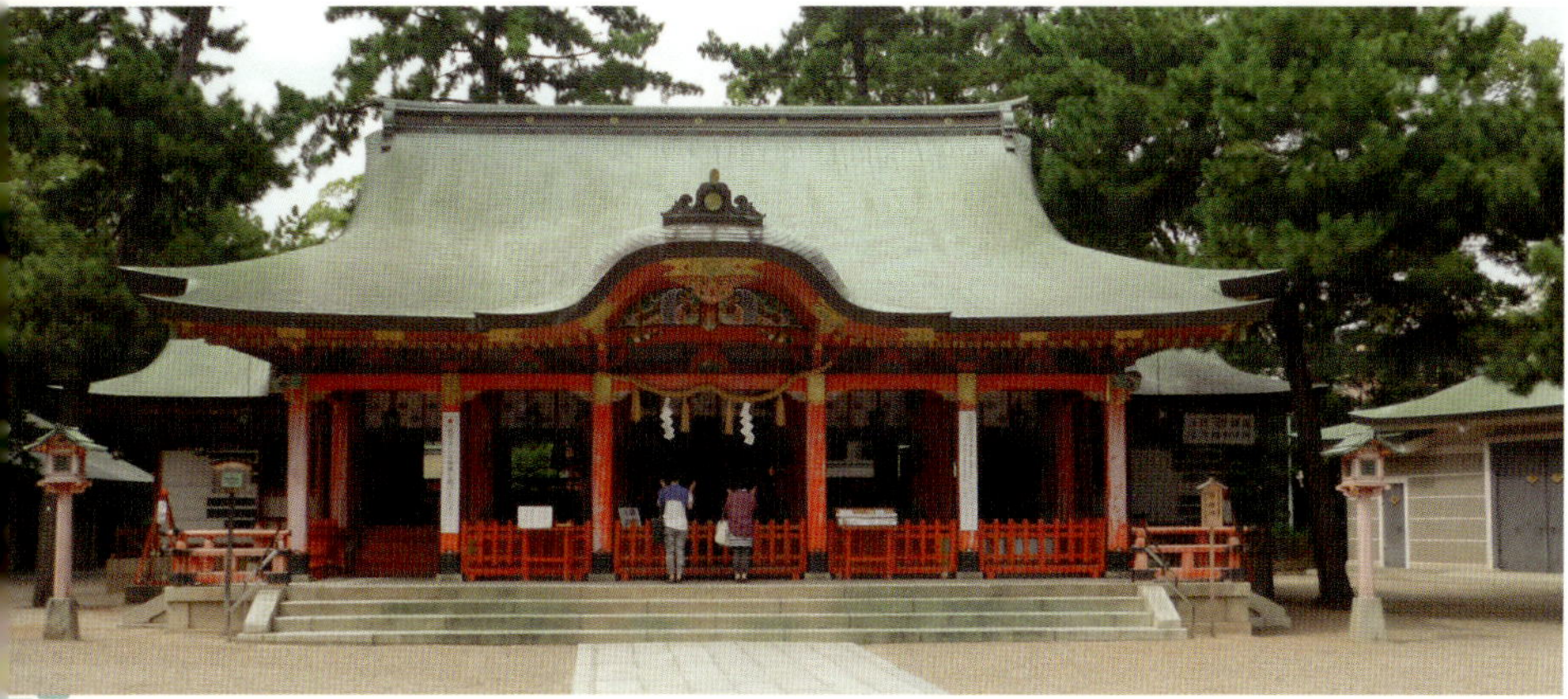

本殿には事代主神＝恵比寿が祀られる

毘

湊川神社《みなとがわじんじゃ》

長田神社の南、東西に走る幹線道路を西からまっすぐ直線をひけば、古代山陽道のルートとなる。それを東に向かうと、湊川神社の裏手にでる。歩いてみるのも一興だけれど、現代にいたっては、普通のまち並みが続くだけである。

湊川神社は、通称「楠公《なんこう》さん」。楠木正成を祀ることから、こう呼ばれる。正成は、天皇側につき、鎌倉幕府を倒した武将で、のちに室町幕府を築く足利尊氏と湊川の地で戦い、敗れた。江戸時代になり、徳川光圀(水戸の黄門様)が、正成を尊敬すべき勤皇者として崇め、幕末には、吉田松陰、坂本龍馬、高杉晋作ら維新の志士に崇め祀られるようになった。

湊川神社が創建されたのは、明治五年(一八七二)のこと。明治天皇が正成の「忠義心を後世に伝えるために」と創られた。

七福神めぐりでは毘沙門天を参ることになる。

毘沙門天と楠木正成の間にはこんなエピソードがある。要約してみると、「子どもを授からず悩んだ正成の母が信貴山朝護孫子寺《ちょうごそんしじ》の毘沙門堂に百日間詣をした。ある日、夢の中で、金色に輝く鎧を着た人が口の中に飛び込んできて、妊娠し男子が産まれた。そのため、その子(正成)は神の子、毘沙門天王(多聞天)だということになった」という。

そんな伝説からか、湊川神社は神戸七福神めぐりの毘沙門天を担う。

楠木正成の墓所

◆◆◆

神戸高速鉄道の高速神戸駅すぐ近く、JR神戸駅にもほど近い場所に神社はある。南には大型商業施設のハーバーランド、駅と地下の商店街で結ばれている。地下から階段を上がると、もう目の前に神社の表門が大きくそびえている。

大きな石灯籠を二基従える立派な表門

門の右手に楠公の墓所と黄門様の銅像、正面には本殿が見える。神前中央の正中と呼ばれる神様や霊気のとおり道を避けて本殿に向かう。

本殿を覗き込んだものの、まわりもあわせて毘沙門天が祀られている様子が感じられなかったので、巫女さんに尋ねてみると、「楠公のお母様が毘沙門天を信仰されており、その由来で神戸七福神の毘沙門天をあてはめたのです」というようなこと。どうやら特別に祀られているようでもなく、なんだかありがたみに欠ける気がするが、それも信心次第なのかも知れない。

境内は、神社の人たちにより竹箒ではき清められ、その跡が整然と波うち、心が洗われる思いがする。昔、お釈迦様が物覚えの悪い弟子に「塵をはらい、垢を除かん」と口にしながら、毎日、掃除をしなさいと伝えた話がある。その弟子は、何年も何十年も掃除をつづけ、やがて、「心の塵と垢を落とすことが救い」だと気づいたという。何をやっても、どう教えてもダメだったその弟子は、いつしか高僧になっていったという話。はき清められた場所は、訪れる人にも心地よい。楠公の自害した場所と墓所を訪ね、楠公を敬った黄門様や明治維新の偉人らに思いを馳せた。

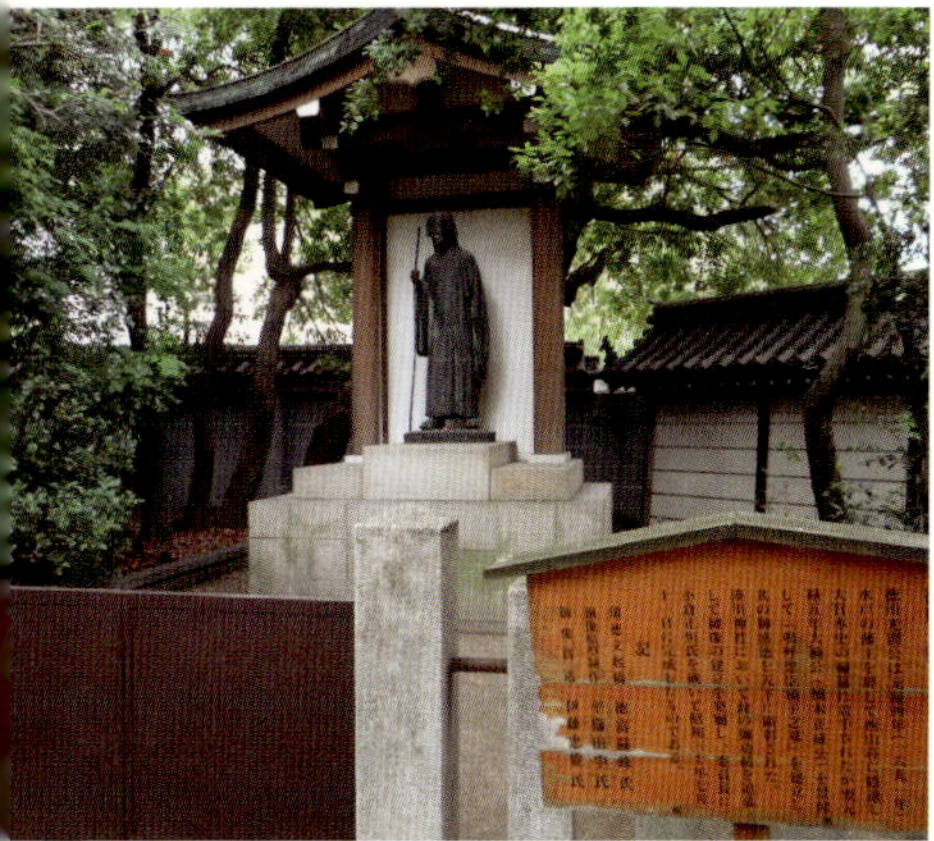
表門を入り右手に進むと徳川光圀の銅像がある

住 神戸市中央区多聞通3−1−1
☎ 078−371−0001
時 9:00〜17:00
交 JR神戸線「神戸」下車、北へ徒歩約3分。
神戸高速「高速神戸」下車すぐ（東改札から右手の階段を上がる）。
地下鉄西神・山手線「大倉山」下車、南へ徒歩約5分。地下鉄海岸線「ハーバーランド」下車、北へ徒歩約5分。

弁

生田神社《いくたじんじゃ》

神戸随一の人気と歴史を持つ大社

生田神社は、西宮の廣田神社、長田の長田神社と同じく、神功皇后の朝鮮出兵の帰途に創建されたと伝わる。日本書紀に記してあるらしい。祭神は稚日女尊《わかひるめのみこと》、「物を生み育て万物の成長を加護する」神様という。

歴史が深いだけに、源平合戦、南北朝争乱、信長と荒木村重の戦いなどの合戦の場となり、藤原定家など文人墨客がたくさん訪れたところでもあり、史跡も残る。神戸という地名の由来にも関係するという。

境内は、大社といえ、さほど広くないが、十四にもおよぶ末社がある。

七福神めぐりの弁財天を祀るのは、末社のひとつ市《いち》杵島《きしま》神社。ここに祀られている市杵島姫は日本神話の神様だが、弁財天と同一視される。

本殿の西、生田の池のほとりに市杵島神社がある。石橋をわたり、緑の中、朱色の映える社に手を合わせる。

芸能上達、水の神。知恵と財宝を授けてくれる神様でもある。

神社の境内には「蛭子命」、えべっさんの祀られる蛭子神社もある。

本殿の奥、「生田の森」という鎮守の杜がある。ご神木をはじめ数々の巨木がそびえ、草木が鬱蒼と茂る。都会の中、自然の生命力がみなぎる。小川も流れ、弁財天のご利益パワーが増す気がする。

弁天社の脇には絵馬もたくさん

住 神戸市中央区下山手通1－2－1
☎ 078－321－3851
時 9:30～16:00
交 JR神戸線「三ノ宮」、私鉄各線「神戸三宮」より北へ徒歩10分。

黒

大《たい》龍《りゅう》寺《じ》

大龍寺は寺名にいわれのある寺。読んで字のように、大きな龍、つまり大蛇にゆかりがある。

寺の創建は神護景雲二年（七六八）。時の天皇の「摂津の国に寺塔を建てる霊地を探せ」という勅命を受けた和気清磨呂というエライ官僚が、この山中で反勢力の刺客に狙われたときに、突如、大蛇があらわれ、驚いた刺客が逃げ去り、一命を取り留めた。大蛇は消えたが、その跡に観音様が立っておられたため、この地に寺を建て、「大龍寺」と名付けたという。観音様は「如意輪観音菩薩」で、奈良時代後期の仏像として残り、国の重要文化財、兵庫県最古の木彫仏像となっている。

寺は、再度山《ふたたびさん》という山号を持ち、それは、空海（弘法大師）に由来する。空海が遣唐使として旅立つときに所願成就を祈りに訪れ、帰ってきたときに報恩謝徳のために、再びこの寺に参り、七日間秘法を勤修したということから、「再度山」と呼ばれるようになった。

なので、空海に因むものも多く、空海の通った道は大師道と呼ばれ、修行をしたといわれる修法ケ原《しおがはら》も近くにある。

◆◆◆

私は元町から北に向かい、諏訪山公園の西から四、五キロを大師道に沿って歩くことにする。道程の多くが小川に沿い、大小の滝が、たくさんある。仏様の刻まれた丁石が設置してあり、寺までの目安となる。一丁は一〇九メートルほどなので、元町から一時間半、ゆっくり歩いても二時間ほど、手軽な自然浴ハイキングといえる。

ほどよく疲れたころ、寺に着く。長い石段を登り、仁王門をくぐると参道にはまた延々と石段が続く。ことさら急勾配の石段を登り切ると、正面に本堂、左手に、神戸七福神・

お堂の前には大黒天、中には大黒天、毘沙門天・弁財天も祀られる

大黒天様の祀られるお堂がある。お堂には、大黒天だけでなく、弁財天と毘沙門天も祀られている。中をのぞいてみるが暗く、どうにも見えづらかった。

平日のお昼時で、こころゆくまで拝むことができた。

空海のご利益なのか、「ぼけ封じ近畿十楽観音霊場めぐり」という案内看板がでていて、滋賀から兵庫の神崎、青垣までの十寺が記されていた。私見にすぎないけれど、山寺にお参りすることで、足腰、身体が鍛えられて、痴呆症の予防につながることもあるのだろう。

空海は、若いころから四国を中心に、ひたすら歩き、唱え、修行を積んでいる。ここ大龍寺に来たのは三十歳のころだそうだ。

奥の院に大師堂や空海自らが彫ったという亀石があるというので、歩を進めてみた。

大師堂も亀石も、女性にいわせれば、「可愛い」となるのだろう。

大師堂は山上にひっそりと風景画のようにおさまり、それより山上に近い急峻な崖道にある亀石は、大きな岩に亀が愛嬌たっぷりに刻まれ、下界を見下ろすようにつくられている。素朴さもある。横には天狗岩が祀られていて、あいまって、霊験が伝わってくるようだ。

空海が彫ったと伝わる亀石

住 神戸市中央区再度山1
℡ 078−341−3482
交 市バス25系統「大龍寺」下車すぐ。
※4〜11月の土曜・日曜・祝日のみ運行。

山寺の境内は味わいが深い

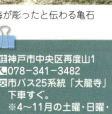

布

天《てん》上《じょう》寺《じ》

大きな「延命大地蔵尊」も特徴的

摩耶山頂にある摩耶山天上寺は、大化二年（六四六）、孝徳天皇の勅命で法道仙人というインドのお坊さんが創ったお寺。中興は空海による。中興とは、衰退したものを蘇らせることをいうが、空海は、遣唐使で留学した折りに、お釈迦様の母親である摩耶《まや》夫人《ぶにん》の像を持ち帰り、この寺に奉安した。

摩耶夫人は、女人守護の仏様で、お堂をつくりお祀りするお寺は、日本でただひとつ。「女性のあらゆる難病や苦しみを救ってくださる」女尊で、特に安産と子授け・子育ての守護仏。日本で最初に安産腹帯を授けたという。

摩耶山にはバスやケーブル、ロープウェーなどの交通手段がある。ケーブル終点駅からさらにロープウェーが山頂までかかっているが、そのルートにも登山道があり、途中には、放火による全焼から残った旧天上寺の仁王門や上部がなくなった石灯籠などが見られる。

山頂近くには日本三大夜景のひとつといわれる掬星台があり、一千万ドルの神戸の夜景が広がる。

天上寺では、「若ガエル様」が迎えてくれる。なんのことはない山門の前に置かれたカエルの石像なのに、まっこと可愛らしい。

境内には、撫でると家内しあわせ、子ら孫らすこやかになるという「おめでた蛙」や、木彫りの「無事カエル」もある。寺社にカエルはつきものなのか、他の寺社でもカエルを見かけることがある。

門をくぐった正面に摩耶夫人堂があり、色とりどりに着飾った美しい摩耶夫人像が見られる。ほかのところにはないが、「撮影はご遠慮下さい」と記してある。ご本尊より秘仏なのかもしれない。

本堂の本尊・十一面観音をはじめとするたくさんの仏像も見応えがある。神戸のお寺でこれほどの数の仏様を一度に拝めるところはないのではないだろうか。本堂の中で、四国八十八カ所めぐりも体験できる。

神戸七福神は、本堂の中の左手、布袋様と大黒様が並べて祀ってある。神戸七福神では布袋尊のお寺。にこやかな笑顔と、背中に背負った堪忍袋、でっぱったお腹がまさに布袋尊である。大黒様も特徴的で、五つの俵の上に立ち、満面の笑みで小槌を振り上げる。案内板には「恵比寿笑いの大黒さま」、由緒ある神社の神木からつくられたご神像と書かれている。

福を呼び、商売繁盛をもたらしてくれる。一挙両得、いや、布袋・大黒、おふたりのご利益は、もっと大きいはずである。

布袋尊(右)・大黒天が並び立つ

住神戸市灘区摩耶山町2−12
☎078−861−2684
時9:00〜17:00
交市バス18系統で「摩耶ケーブル下」下車、まやケーブル・まやロープウェーに乗り山上「星の駅」下車、徒歩約10分。

釈迦如来の生母の祀られる摩耶夫人堂

寿

念《ねん》仏《ぶつ》寺《じ》

念仏寺は有馬にある。創建は室町時代。後に、秀吉の奥さん北政所ねねの別邸跡に建てられた由緒深いお寺だ。

有馬温泉名物の金の湯と銀の湯の中間地点に位置する。

本尊は、時代の著名な仏師・快慶作といわれる阿弥陀如来立像。

境内の沙羅双樹は樹齢三百年、夏つばきの別名で、六月には白く美しい花をつける。毎年そのころに一絃琴を交えた鑑賞会も行われるらしい。一絃琴は、「須磨琴」とも呼ばれる。平安時代に京都から須磨に流された歌人・公卿の在原行平が、波にさらされた板切れと、冠についた緒で琴を作り、葦の茎を爪にして、弦を弾きながら都を偲び、もの寂しさを慰めたのが始まりと伝えられる。わび・さびに通じる古く珍しい楽器で、めったに見ることも、音色を聞くこともない。

道路に面した念仏寺のほんの少し奥まったところにお堂があり、「神戸七福神巡り」のひとつ、寿老人は祀られている。

唐装をした長いあごひげの老人が、左手に団扇、右手に巻物を結わえた杖をもち、白鹿を従えている。横には小さな福禄寿も鎮座している。

神戸七福神めぐりは、七寺が離れているが、実は、須磨寺にはじまり、ここ有馬まで、市街地から六甲山越えを経て、歩くこともできる。五十キロほどの行程なので、京都赤山禅院で触れた千日回峰行の比でもない。

七福神をめぐった後には、のんびりと湯につかり、また有馬温泉のまち並みを散策したい。ご利益を極めるには、ついでに有馬の寺社めぐりという手もあるか。

住 神戸市北区有馬町1641
☎ 078−904−0414
時 9:00〜17:00
交 神戸電鉄有馬線「有馬温泉」下車、南東へ徒歩10分。

兵庫七福神めぐり

◎和田神社（弁財天）
◎薬仙寺（寿老人）
◎真光寺（福禄寿）
◎能福寺（毘沙門天）
◎柳原天神社（布袋尊）
◎蛭子神社（恵比寿）
◎福海寺（大黒天）

神戸の歴史を紐解けば、古代から現代にかけて、奈良や京都などの都と、九州、ひいては大陸を結ぶ主要な地として、発展を遂げてきた。

なかでも兵庫七福神のある兵庫は、神戸の西方にあたり、早くから開かれてきたところで、神戸の歴史は、兵庫から始まったと言ってもおかしくない。

和田神社の前にあった案内板。それぞれの寺社に設置されている

その昔、神話の世界では、七福神の恵比寿のルーツと言われる蛭子が淡路から流れつき、平安時代には平清盛により福原京が築かれた。港は発展し、遣唐使船が停泊し、空海がまちを闊歩し、最澄が能福寺を創建した。

兵庫七福神はそんな歴史が残る中で、コンパクトに七福神めぐりができる。電車の駅も近く、二、三キロも歩けば、七福すべてが踏破でき、歴史散策とともに、ありがたいご利益がもらえる。

兵庫七福神は清盛七辨天と神社やコースがダブったり、近かったりする。少し欲張って兵庫周辺では、二つの「めぐり」を同時に楽しむのもいいかもしれない。

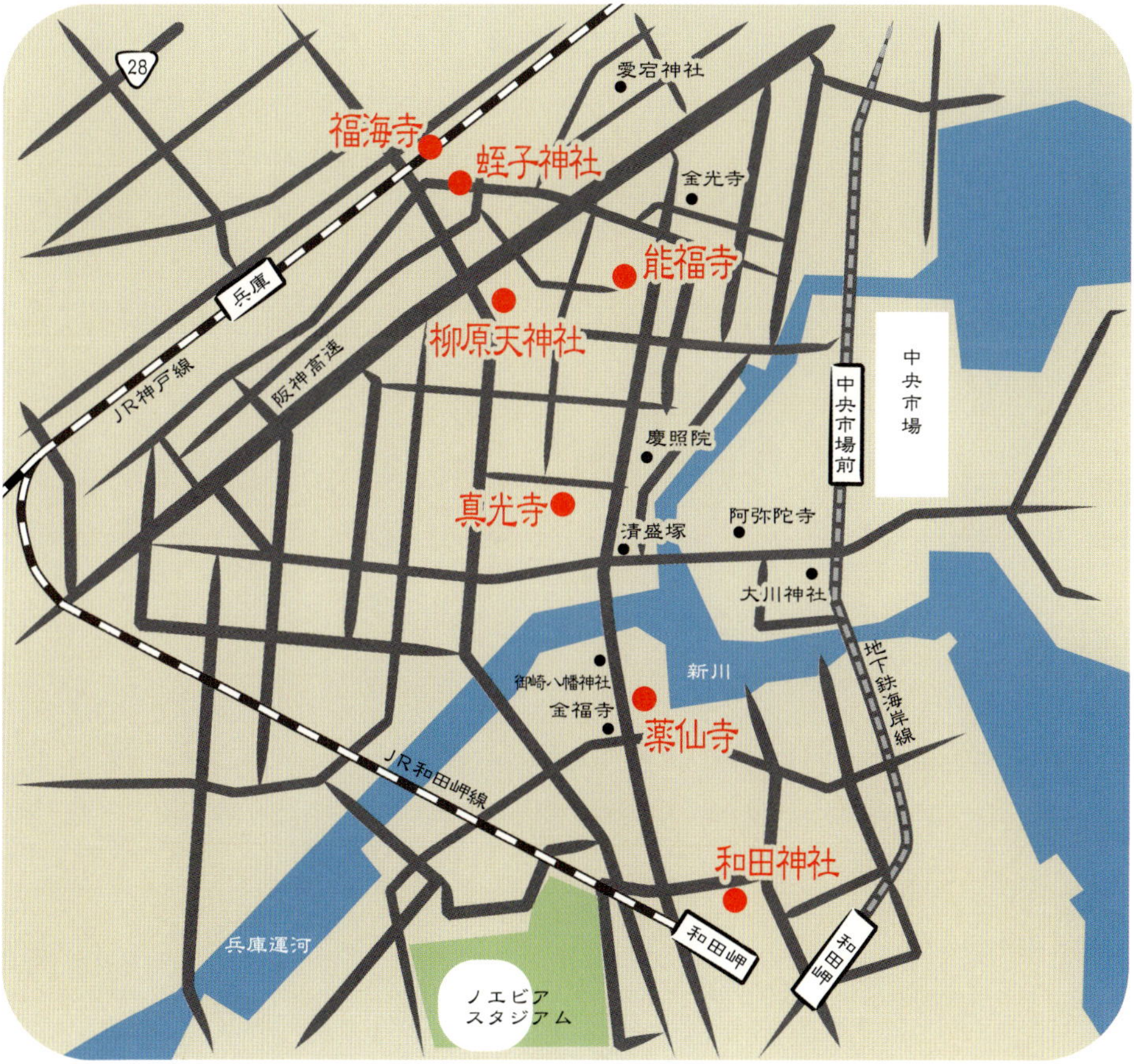
28
福海寺
蛭子神社
愛宕神社
金光寺
能福寺
柳原天神社
兵庫
JR神戸線
阪神高速
中央市場
中央市場前
慶照院
真光寺
清盛塚
阿弥陀寺
大川神社
新川
御崎八幡神社
金福寺
薬仙寺
地下鉄海岸線
JR和田岬線
和田神社
兵庫運河
和田岬
和田岬
ノエビア
スタジアム

弁

和《わ》田《だ》神《じん》社《じゃ》

兵庫七福神では弁財天の和田神社からめぐり始めることにした。

神社へは、地下鉄駅とJR駅が近くにあるが、JR線はいわゆる盲腸線として延びる三キロ足らずの和田岬線である。日本一短いとまではいかないが、鉄道ファンがわざわざ遠くから乗りにくることもあるようで、珍しいに違いない。

大きな弁財天（左）と小さなお堂の小さな弁財天

　和田岬と呼ばれるこのあたりは、海に流された「蛭子」が流れ着いたところで、神社の由緒では「蛭子大神が淡路島から本州に上陸された最初の地」とされる。淡路島は国生み神話で、イザナギとイザナミが国づくりで最初につくった島で、日本の原点とされるところ。そののち、ふたり（二柱）が淡路島に降り立ち、次々と日本の国となる島を生んでいった。神話では、蛭子はそのふたりに船で流されたというから、つじつまは合っている。

　蛭子がたどりついたとされる場所も、神社も、今の場所から東南に八百メートルほどのところにあったらしい。明治期に造船所建設が計画され移転、今は三菱重工、三菱電機などの敷地となっている。敷地には工場が立ち並び、浜は防波堤で囲われ、「蛭子の森」と呼ばれたころの面影

授与所の近くには「兵庫七福神」と大きく掲げられている

拝殿には、格天井や白蛇の絵馬額

はない。

和田神社に祀られているのが「蛭子大神」、そして平安時代に清盛が広島・安芸の宮島から招いた「市杵嶋姫大神」、つまり弁財天。主祭神としては関西では稀な「天御中主大神」という神様らしい。

兵庫七福神めぐりでは、弁財天の神社となる。

本殿のご祭神は扉が閉じられていて、見ることはできないけれど、本殿の横に弁財天の銅像がつくられ、天女のような姿で、琵琶をもち、たたずんでいる。近くの小さなお堂に、これまた小さな弁財天の石像もある。

末社の宮比神社には、大黒天、毘沙門天、福禄寿、寿老人、布袋尊も祀られている。それぞれ食物の神、勝負の神、福寿の神、長寿の神、円満の神と記してある。

この神社は白蛇を使いとしており、本殿に白蛇の絵馬額が飾られていたり、白蛇の置物に願いを書いて奉納するお堂も設けられている。少し不気味だけれど、蛇を従える弁財天も知られ、極端な説では、ギリシャ神話のメデューサにもたとえられる。メデューサは目を見ると石にされてしまうという、恐ろしいヘビの怪物である。

社務所には、兵庫七福神の宝船七福神が乗った「宝船セット」がおいてあり、「宝船の販売は和田神社のみとなっております」との案内書きがあった。価格は二千円。人形一個二〇〇円、宝船三〇〇円。可愛い、どうしよう。

七福神の乗る宝船セット

住 神戸市兵庫区和田宮通3−2−45
☎ 078−652−1551
時 9:00〜16:00
交 地下鉄海岸線「和田岬」下車、2番出口より北へ徒歩2分。
JR和田岬線「和田岬」下車、北へ徒歩2分。
市バス3系統「和田岬」下車、西へ、和田岬駅前交差点を北へ徒歩5分。

寿

薬《やく》仙《せん》寺《じ》

和田神社から兵庫工業高校の運動場沿いにまっすぐ北へ歩けば、十分たらずで薬仙寺に着く。
境内は広く、閑散と感じられる。

なんでも「平清盛が後白河法皇を幽閉した地」らしい。平家物語には三間四方とあるので、この地で十八畳ほどの部屋に閉じ込められていたようす。実際にはここから百メートル北東のところだったと記してある。

なぜ清盛が法皇を幽閉したかといえば、短くまとめればこのようになる。清盛としては、平家のいいなりにならない法皇をこれ以上のさばらせていては、平家安泰の妨げになる。さらに法皇が京都にいる限り、反勢力と手を組み、再び、平家に噛み付いてくる恐れがある。いっそのこと、福原に遷都して、法皇も幽閉してしまえ、といったところ。この間、清盛による出兵や法皇の第二皇子による挙兵などもあったが、書き出すときりがない。

◆◆◆

「大施餓鬼會日本最初之道場」と書かれた石碑

それはさておき、薬仙寺は兵庫七福神では寿老人を祀るお寺。
西暦七三〇年前後に、行基により

開かれた。行基は日本で最初のエライお坊さんといえる人で、関西・近畿を中心に布教活動や慈善活動、さらに大きな橋をかけたり、貯水池をつくったりした。東大寺の大仏を建立したのもこの人。兵庫県の伊丹市には行基町という地名も残る。往時すたれかけた有馬温泉を再興したのも行基といわれ、行基がいなければ、日本屈指の温泉が消えてなくなっていたかも知れない。

ほのぼのとした小さな寿老人像

日本で最初に「施餓鬼」を行ったのも行基といわれ、その最初の地がこの薬仙寺と言われている。施餓鬼とは、成仏できない餓鬼に食べ物を施し霊を供養し、自らも救われるというもの。餓鬼は六道（天・人間・修羅・畜生・餓鬼・地獄）でいう地獄の次にひどい世界。世界でなく、心の状態というほうが正しいのかもしれない。現代でも、施餓鬼は行われているようで、宗派により、呼び名や供養法は違うようだが、盂蘭盆の風習ともなっている。

兵庫七福神の寿老人は本堂の中に祀られている。

本尊とは別のところに、ご神体となる小さな石像があり、にこやかに佇んでおられる。木皿にはお賽銭がいくつか置かれ、何やらほのぼのとしている。

㊟神戸市兵庫区今出在家町
4−1−14
☎078−671−1696
㊋地下鉄海岸線「和田岬」下車、徒歩5分。
JR神戸線「兵庫」下車、徒歩15分。

萱の御所蹟碑。詳しく説明書きされている

福禄寿の祀られる観音堂

禄

真《しん》光《こう》寺《じ》

薬仙寺から福禄寿の真光寺まで、さほど距離はない。その途中、「清盛塚」がある。

道路から少し高く盛られたところが石柱で囲われ、十三重の石塔と清盛の銅像、また琵琶塚といわれる平家の琵琶の名手の碑が、三つ並べてある。石塔には弘安九年（一二八六）二月の年号が刻まれている。実際にはお墓ではなく、供養塔らしい。それでも見応えのある石塔である。

真光寺は、その北、道路を挟んだ斜め向かいになる。時宗の開祖である「一遍」がここで亡くなり、廟所があるお寺である。

一遍は鎌倉時代末期に「踊り念仏」をしながら、ただ「南無阿弥陀仏」を一遍（一度）唱えるだけで、人は悟りの道へと通じていくと、教えを広めたお坊さん。

お寺の創建は、そのころよりも、ずっと前で、平安時代の初期に建て

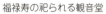

福禄寿像

られている。

福禄寿は、門を入った右手の観音堂にある。木を彫って作られた、ごく小さな像だけれど、見るほどにありがたさを感じることができる。木の根のあたりなのか、幹のあたりなのか、複雑に入り組んだ造形がなんとも言えず、いくら見ていても飽きがこない。


並ぶように、観音様と弁財天、毘沙門天の像もある。真光寺は「清盛七辨天」の音楽辨天の寺としても知られ、片膝を立て、琵琶を片手に抱える金色の弁天様もまた、風変わりで、これまた小さいながら、見ごたえがある。弁財天は「神戸大空襲で真光寺が消失してしまい真野弁財天も今はありません」との案内板があったが、いえいえ、この像もとても、素晴らしい。

境内には、清盛が七辨天を勧請したときに、寺の僧がここの水でお茶をたて献上した「平清盛公　御膳水の井戸」が残る。

寺務所の前には、可愛らしいイラストの「七福神・七辨天スタンプ」が置いてあった。七福神めぐりの各寺社においてあるようで、ご朱印とともに集めている人もいるのだろう。

住神戸市兵庫区松原通1－1－62
☎078－671－1958
交JR神戸線「兵庫」下車、南へ徒歩約10分。
市バス6・9・95系統で「須佐野通」下車、徒歩約3分。

弁財天像

毘沙門天像

毘

能《のう》福《ふく》寺《じ》

能福寺は、平安時代の八〇五年に、最澄が遣唐使の帰路に開創したお寺。日本で最初の密教教化霊場とされる。

本堂。毘沙門天が祀られているが秘仏

福原京遷都にともなっては、平家一門の祈願寺となった。時代を経て、明治二十四年（一八九一）には大仏が建立され、日本三大仏の一つに数えられた。重文・木造十一面観音立像や、ジョセフ・ヒコによる日本最初の英文碑などもある。

◆◆◆

真光寺から歩いて五分ほどで、能福寺に着く。

比叡山延暦寺を開いた最澄が創った寺だけに、七福神めぐりでは大黒天を担ってほしいところだったが、兵庫七福神では毘沙門天のお寺となっていた。強いていうと、比叡山の大黒天は三面大黒天で、毘沙門天の顔ももつので、これも

日本三大仏の一つ、兵庫大仏

四臂を持つ像もあった。弁財天のようにも感じられたが観音様

最澄開基を伝える石碑

またひとつの趣かも知れない。

毘沙門天は探しても見つからず、お寺の方に聞くと「本堂に秘仏の毘沙門天があると聞いていますが、私も見たことがないんです」とのこと。どちらにせよ、毘沙門天は見ることはかなわないようだ。

このお寺で、七福神よりも大きく目立つのが「兵庫大仏」。鎌倉の高徳院、奈良の東大寺の大仏様に並ぶ日本三大仏のひとつとして有名だったが、戦時の金属撤収により供出された。

平成三年にあらたに再建されたが、一般的には、三大仏としての称号を得るまでには至っていない。とはいえ、像高十一メートル、蓮台・台座を含めると十八メートルに及ぶ、とても立派な風格。東大寺とおなじ毘盧遮那仏で、宇宙の真理を人々にもたらし、悟りに導く仏様である。鎌倉の大仏は阿弥陀如来という、極楽浄土におられる、迷いを光で照らす仏様。

平清盛の墓とされる石塔もある。

由緒あるお寺としてはいささか境内が狭い気がするが、あまりある歴史を知れば、参詣せずにはいられない。

住 神戸市兵庫区北逆瀬川町1－39
☎ 078－652－1715
時 10:00～16:00
交 JR神戸線「兵庫」下車、徒歩15分。地下鉄海岸線「中央市場前」下車、徒歩10分。

清盛の墓とされる石塔

こぢんまりとした歴史のある神社

柳《やなぎ》原《はら》天《てん》神《じん》社《じゃ》

柳原天神社は能福寺にほど近い小さな神社。

平安時代の九〇一年に菅原道真が大宰府に左遷されるおりに大輪田泊に降り、咲き誇る梅の花を見て、「風さむみ　雪にまかへて咲く花の　袖にぞ移れ　匂ふ梅が香」と詠んだのが縁で、小さな祠がつくられた。さらに後年、菅公（菅原道真）廟から分霊を迎えたのが縁起となる。

道真は、学者・政治家で、遣唐使の派遣を中止させたことでも知られる。文学博士となり、右大臣までのぼり詰めていったが、策略にはまり左遷された大宰府で亡くなった。その後、策略にはめた人物の邸宅に雷が落ちるなど数々の異変がおこり、道真のたたりと恐れられて天神信仰と結びつき、やがて学問の神様とされるようになった。

数多ある神社で、牛の置物があれば、それは菅公の天神社といえる。

京都の北野天満宮をはじめ、「天」や「天満」と名のつくところは、菅公ゆかりの神社で、学業成就など学問に関するご利益がある。それらの神社の扁額には「天満宮」と記して

牛の置物は菅公ゆかり

ある。

◆◆◆

柳原天神社は、兵庫七福神では、布袋を祀るところ。でも、やはりというべきか、布袋様の姿は見られない。それでも神社の一角に七福神すべての石像が祀られている。布袋尊は「布袋和尚」と記してあるのと、弁財天が赤色で「弁財天女」と記してあるのが、気になる。本殿の前には布袋様のスタンプも置いてある。

また、「夫婦いちょう」が神戸のパワースポットとして有名で、神社の案内板には「雌雄の木が根元で結ばれ共生しています。この木に触れると縁結び、夫婦円満、子宝、良縁に恵まれると言い伝えられています」とある。

参れば、布袋様の家庭円満のご利益と相乗効果で、きっと幸せな家庭が築けるはず。

神戸のパワースポット、夫婦いちょう

住 神戸市兵庫区東柳原町1−12
☎ 078−651−1283
交 JR神戸線「兵庫」下車、南東へ徒歩約5分。
地下鉄海岸線「中央市場前」下車、西へ徒歩約5分。

本殿前には可愛らしい布袋スタンプが置いてある

恵

蛭《ひる》子《こ》神《じん》社《じゃ》（柳原えびす神社）

柳原天神社から蛭子神社も近い。神戸を東西に駆け抜ける幹線道の国道二号を挟んで、信号待ちがなければ、二、三分といったところか。国道の上には、阪神高速道路も走り、このあたりは車どおりや高架の圧迫感やらで、少し気ぜわしい。

柳原えびすは、元禄年間の寺社改帳という資料に記述があるようで、西暦では一六九一年以前には神社が祀られていたといえる。神社の身なりはさほど大きくはないが、一月の「十日えびす大祭」は人気が高く、参道にずらっと露店が立ち並び、人々でごった返す。

◆◆◆

祭神は、えびす様だけでなく、大物主大神、つまり大黒様もあり、めでたさは倍増する。

兵庫七福神としては、もちろん、えびす様ということになる。何度も書くようだけれど、「蛭子」「えびす」「恵美須」など表記は、気にしないことが肝要。神社でさえ、看板に「柳原えびす神社」などと、一般の人々にわかりやすいように書いたりもしている。

神楽殿から御社殿（本殿）を望む

神社のホームページを覗いてみる

と、敬神・作法が書いてあった。作法などは寺社によっても違いがあるが抜き出しておきたい。「敬神生活の綱領」一、神の恵みと祖先の恩とに感謝し、明き清きまことを以て祭祀にいそしむこと。一、世のため人のために奉仕し、神のみこともちとして世をつくり固め成すこと。一、大御心をいただきてむつび和らぎ、国の隆昌と世界の共存共栄とを祈ること。そして「神社参拝の方法」一、神社の境内に入る時は、身支度を整え鳥居をくぐります。一、手水舎で手を清め口をすすぎ神前に進みます。一、神前に至り、拝礼に先だちお賽銭（又は初穂料、神饌品）を奉献します。一、二拝（二度お辞儀をする）二拍子（二度手をうつ）一拝して神前を下ります。これが一般参拝の作法ですが、特に感謝、奉告、祈願等を申し上げるときには、形にとらわれず真心をこめてなさればよろしい…とある。

　やはり、カタチよりもココロが大切だろう。

実際の参詣では「商売繁盛」の大吉を願う。

　本社の前には蛭子のスタンプとえびす人形が置いてあった。

住 神戸市兵庫区西柳原町5−20
℡ 078−651−0183
交 JR神戸線「兵庫」下車、南口より東へ徒歩5分。

えびす人形はお賽銭箱に200円を

大鳥居と中に社殿

黒

福《ふく》海《かい》寺《じ》

福海寺と蛭子神社はお隣りさんとなる。真向かいにある。

石造りの門には黒を背景に金文字で「大黒尊天」と銘記され、福神の寺という期待が高まる。歴史も永く、かの室町幕府を築いた足利尊氏が京都の禅師を迎えて開いたそうなので、七百年近く経つことになる。

兵庫七福神の大黒天は本堂に祀られる。

中には入れないが、格子から覗いてみると、甲冑に身を包み、鬼の形相をした大きな像が目に入る。インド・シヴァ神、別名マハーカーラのイメージを大黒像にしたのだろう。

その像の前には、私たちの知るふくよかな笑顔の大黒様も見られる。こちらは小さいが、年代が感じられ、ありがたさが伝わってくる。

お寺さんに聞いたところ「こわいお顔も、ふくよかなお顔も、両方、大黒様です」。いやはや迫力もやさしさも兼ね備えている。

鬼の形相、仏の形相の像が見られる

住 神戸市兵庫区西柳原町10−10
☎ 078−671−6242
交 JR神戸線「兵庫」下車、徒歩約5分。

「平清盛公遺愛の時雨の松」という石碑もある

八社巡拝

◎一宮神社（田心姫命《たごりひめのみこと》）
◎二宮神社（天忍穂耳尊《あめのおしほみみのみこと》）
◎三宮神社（湍津姫命《たきつひめのみこと》）
◎四宮神社（市杵島姫命《いちきしまひめのみこと》）
◎五宮神社（天穂日命《あめのほひのみこと》）
◎六宮神社（天津彦根命《あまつひこねのみこと》）
◎七宮神社（大己貴尊《おおなむちのみこと》）
◎八宮神社（熊野杼樟日命《くまのくすびのみこと》）

七福神めぐりとは趣向がかわるが、神戸に「八社巡拝」という神社めぐりがある。「八宮めぐり」や「神戸八宮めぐり」「八社巡礼」などとも呼ばれている。

それは、神戸に点在する「一宮神社」から「八宮神社」までをめぐると厄が落ち、開運すると伝えられるものである。

三宮という地名を知らない人はいないだろう。でも、二宮、五宮となると、どうだろう。

地名にあるのは二宮、三宮、五宮、七宮であるが、神戸には一宮から八宮までの神社が存在している。

神戸人なら大勢がそのことを茫洋と把握しているが、八宮は、神話と結びつき、「港神戸守護神厄除八社」として知る人が参り、祈る。

一宮から順に八宮までめぐれば、厄が祓われる。

そんないわれが、いつの時代から始まったかは定かではないけれど、江戸時代には盛んに、「八宮巡拝」が行われていたようで、今でも、人々が、八宮めぐりを楽しんでいる。

この八宮は、神功皇后が朝鮮出兵の帰途、神託を受けて、生田神社を創建する際に縁のある神々を祀る社を巡拝したことから、その順番を社名にしたと伝えられている。

二月の節分時に行われる八社巡拝では、八社すべてをお参りすると景品が当たる福引も行っているらしい。

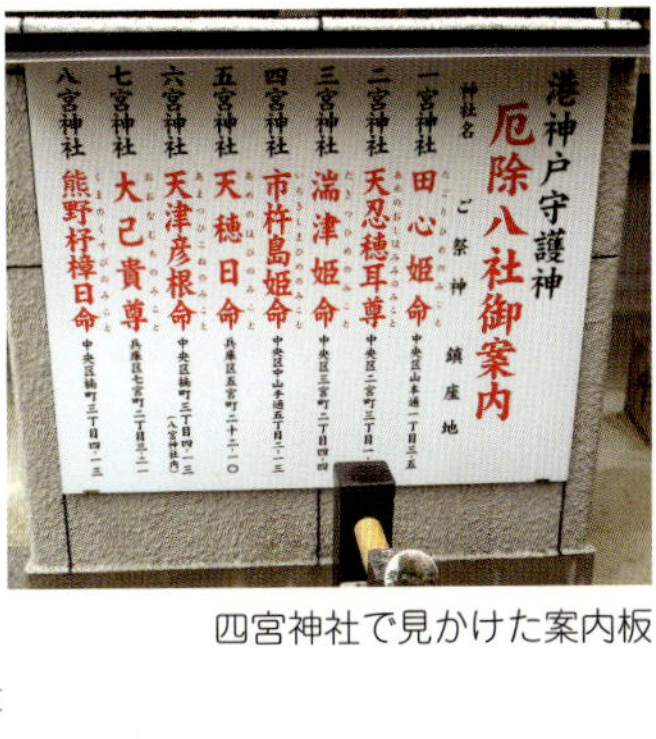

四宮神社で見かけた案内板

一宮から八宮まで、それぞれの神社には、日本神話の神様が祀られている。それは、天照大神（アマテラスオオミカミ）と素戔嗚尊（スサノオノミコト）から生み出された五男神と三女神で、日本古来の神様ということになる。中には、七福神と同一視され、七福神としてメンバーに名をつらねる神様もいる。まずは、日本神話のさわりを少し。

アマテラスとスサノオの神話の起こりは、古事記や日本書紀などで語られており、時代は奈良までさかのぼる。

アマテラスは、この地の創造神であるイザナギとイザナミから生まれた太陽女神。アマテラスには弟・スサノオがいたが、できの悪い乱暴神。ある日スサノオはアマテラスのいる高天原を訪れる。アマテラスは弟が国をうばいにきたものと疑う。その疑いをはらすためスサノオは誓いをたて、お互いの剣と玉飾りから五男神と三女神が生み出されたという。

その五男神と三女神が「一～八宮」に祀られているのだが、ついでに、物語の続きをほんの少し付け加えておきたい。昭和生まれの人なら、子どものときに読んで聞かされた、絵本の内容となる。

誓いをたて八神を生み出したスサノオだったが、その後、悪さを重ね、失意したアマテラスが天岩屋に隠れ、世界が暗闇に包まれてしまう。困り果てた神々は岩戸の前で宴会をひらき、アマテラスの気を引き誘い出す作戦をたてる。連夜の大騒ぎに気をとめ、岩戸を少し開いた瞬間に、タジカラオという力神が岩戸をこじ開けて世界に陽光が戻る。スサノオは神々からこらしめられ、高天原（神の住む国）から去って行った。

五男神は、

天忍穂耳尊《あめのおしほみみのみこと》……二宮
天穂日命《あめのほひのみこと》………五宮
天津彦根命《あまつひこねのみこと》……六宮
活津彦根命《いくつひこねのみこと》……実は祀られていない

熊野杼樟日命《くまのくすびのみこと》…八宮

三女神は

田心姫命《たごりひめのみこと》………一宮

湍津姫命《たきつひめのみこと》………三宮

市杵島姫命《いちきしまひめのみこと》……四宮

ここで五男神の一柱とされる「活津彦根命」だが、七宮では「大己貴尊《おおなむちのみこと》」が祀られている。

大己貴尊は七福神の大黒でもある「大国主」のことで、「稲羽（因幡）の白兎」などにも登場する国造りの神。時代は平安になるが、清盛の港造営のときに、切り崩した山に大己貴尊が祀られており、その怒りをかって暴風雨で海が荒れた。大己貴尊を七宮神社に移して社殿を建て祀ったところ、風雨がおさまったという。そのことから大己貴尊が祀られたようである。もともとは活津彦根命が祀られていたのだろう。

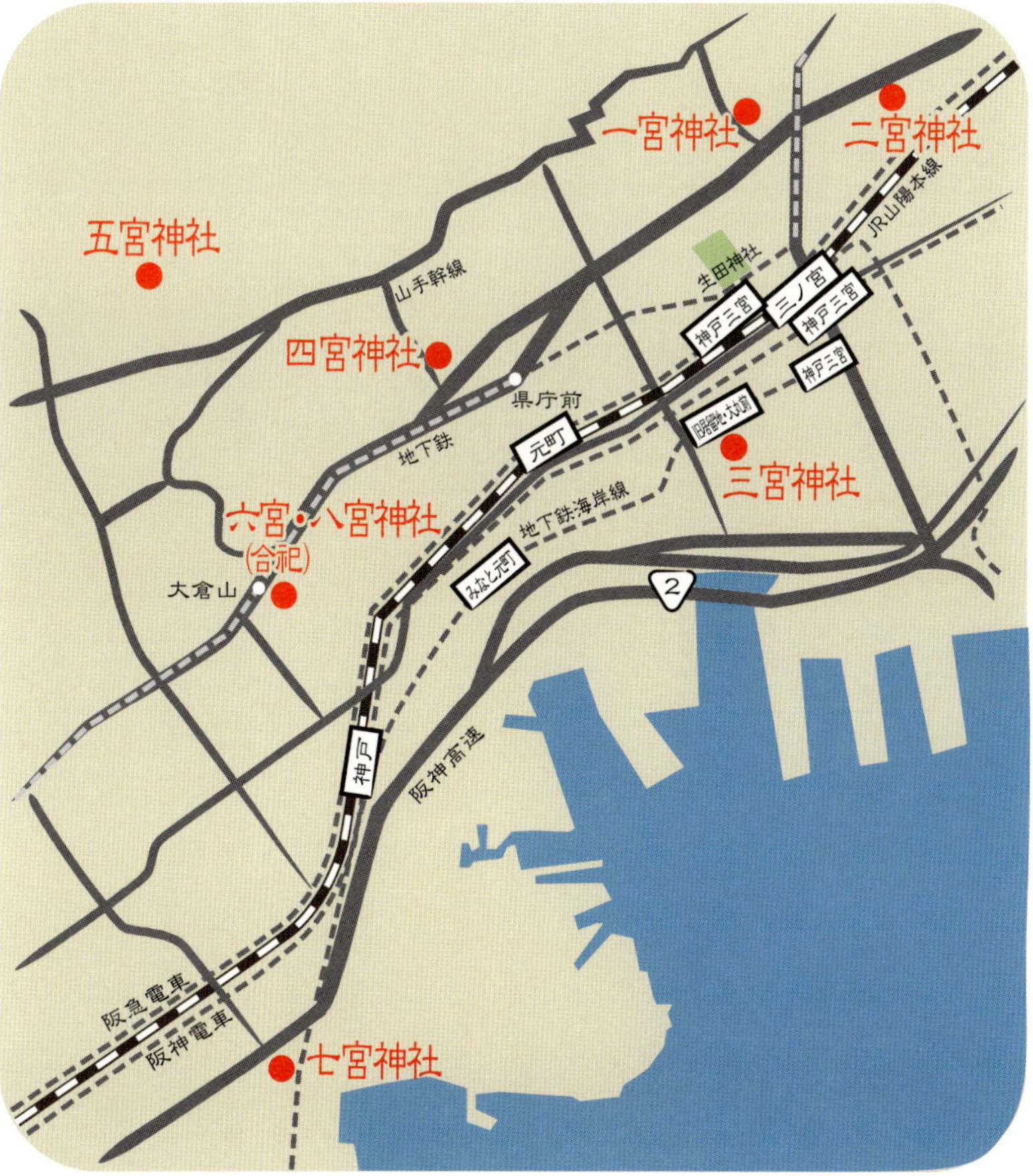

狛犬ごしに見る本殿

一《いち》宮《のみや》神《じん》社《じゃ》

いよいよ一宮神社へと足を向けてみたい。

神戸の中心街三宮の各駅から北方に歩いて十分あまり。フラワーロードという旧生田川の流域を埋め立ててつくられた中核道路を上る。神戸人ならたいていの人が知っている加納町の歩道橋を北へ渡り、細めの道路を左に折れると、複雑な五叉路、真新しい祠を左手にしながら、さらに少し歩くと行き着く。

中心街からは少しはずれたまち並みになるが、北に進めば、神戸の観光地・北野の異人館街が広がる。

神社は石の鳥居があるので、近づけばすぐに分かる。

小さな境内に、どっしりと構えた本殿。ズームアップして、狛犬ごしにみる姿は、大社を訪れた気分にもなる。

ここは田心姫命《たごりひめのみこと》の祀られるところ。奥津島比売命という別名もある。古事記や日本書紀の中には、多紀理毘売命や田霧姫などと表記されているところもあり、海上のキリを意味している。三女神ともそうだが、海の神様といわれる。田心姫命は、大国主命、つまり大黒様とは夫婦の関係にあたるらしい。

この田心姫命は湍津姫命、市杵嶋姫命とあわせて宗像三女神と呼ばれている。長女にあたる。宗像は福岡県の地名で、古代から朝鮮半島へと向かう道筋にあった。そこには宗像大社という全国の宗像神社分祀九千ほどの総本社がある。大社の宮は沖の島、大島という二つの島と内陸の田島、三つにわかれていて、それぞれにひとり（一柱）ずつ三女神が鎮座したという。

田心姫命の沖の島は今でも、女人禁制の風習が残り、男性も上陸するには身を清める禊が必要とされているらしい。

ご利益は交通安全、縁結び、商売繁盛となる。

住 神戸市中央区山本通1−3−5
☎ 078−221−1281
交 JR神戸線「三ノ宮」阪急・阪神「神戸三宮」下車、北へ徒歩10分。

二《にの》宮《みや》神《じん》社《じゃ》

一宮神社をあとにし、東に幹線道路に沿って三分も歩けば、二宮神社に着く。少し奥まったところにあり、分かりづらいが、その奥まりに身を包まれる感がある。

祭神は、天忍穂耳命、二宮神社では「正勝吾勝勝速日天之穂耳命《あめのおしほみみのみこと》」と表記している。アマテラスの長男にあたり、日本の統治を任された神様で、「勝利の神」「農業の神」とされる。芸能、受験、就職、結婚、安産、財運向上などのご利益があると神社の案内に記される。

鳥居をくぐれば、生気のみなぎる神木が迎えてくれる。奥に控える本殿は朱色がことさら映え、脇にある稲荷神社・椋白龍社前には、ズラリと絵馬が並ぶ。椋白龍社の龍神は「勝運」「一願成就」で、祭神の神徳に重なり、相乗のご利益がもらえそう。この社殿は昭和期に手水舎に白蛇が現れてから祀られたが、その後、祈祷師や風水師の聖地となっているらしい。

稲荷社にもエピソードがある。江戸末期に伏見稲荷から勧請されたものだが、「近所に住む松吉という若者が境内裏に棲みついた狐を小太郎と名付けてとてもかわいがっていた。

ある晩、松吉が狐の嫁入りの行列についていくと花嫁を迎え入れたのが小太郎だった。松吉は喜び、お祝いにどっさりと油揚げを与えると、松吉にも縁談がまとまり、春には小太郎も松吉も子どもを授かった。お稲荷さんのおかげと考えた松吉はお腹の大きな「おイネ狐」の像を彫ってもらい、今も、妊婦さんがおイネ狐のお腹をさすり、安産を祈願している」という。

最近では、若い女性が縁結びの神様としてグループで参詣するらしい。

住 神戸市中央区二宮町3-1-12
☎ 078-221-4786
時 9:00～17:00頃
交 JR神戸線「三ノ宮」阪急・阪神「神戸三宮」下車、北東へ徒歩10分。

龍神をイメージさせる手水場

三《さんの》宮《みや》神《じん》社《じゃ》

三宮の地名のもとになった神社。三宮のど真ん中というよりは、大丸百貨店に近く、元町にあるイメージ

も強い。旧居留地の北側、大きな道路に囲まれた三角州のようなところ、ビルの谷間にある。

ここには湍津姫命《たきつひめのみこと》が祀ってある。宗像三女神のなかでは、次女にあたり、湍津は「水が激しく流れる」といった意味をもち、三宮神社でも、その昔には境内にコンコンと清水が湧いていたという。もともと海にちなむ神様で、交通の安全、商工業の繁栄、また智恵授けの神徳があるとされる。

三宮神社は、生田神社との間に旧街道の主軸・西国街道がとおる交通の要所で、南には、神戸外国人居留地があり、それ故に「神戸事件」と呼ばれる事件もおきている。

概要をいえば、明治元年（一八六八）、備前（岡山）藩の隊列を横切った外国人水兵を負傷させたことから欧米各国の兵士と銃撃戦になり神戸が占拠された事件。結果は、備前藩の責任者が切腹をして解決となった。現在の姿からは、まったく事件のことなど想像もできないが、「神戸事件発生地」という石碑等が残っている。

住神戸市中央区三宮町
2-4-4
☎078-331-2873
交JR神戸線・阪神「元町」下車、南へ徒歩5分。

神戸事件とほぼ同時代の大砲が置かれている

四宮神社《よのみやじんじゃ》

　三宮神社から北西に向かう。兵庫県庁の北側、山手幹線という大きな道路に沿って四宮神社がある。相楽園という観光名所にも近い。北に向かえば、昔、動物園のあった諏訪山や神戸の街並みを一望するビーナスブリッジ、さらに山へと遠く足をのばせば、神戸七福神めぐりのひとつ、大龍寺へと至る。

　四宮神社は市杵島姫命《いちきしまひめのみこと》を祀る。宗像三女神の末女で、広島は安芸の宮島、厳島神社の祭神でもある。別名、弁財天。七福神の一角である。

　神社の案内によれば、「弁天さまも福の神」とある。さらに「才たけて、芸能、文学、何でも器用にこなす、女らしく、すなおで、やさしく、八百万の神様に愛された、女性のしあわせの神」と続けている。

　ここでは、福の神であり、芸能、智徳、財宝、縁結びのご利益がある。近年、昭和末期には「弁財天芸能塚」が設置され「扇供養」「三味線供養」「ギター供養」なども行われるという。

神社はビルの谷間に

住 神戸市中央区山手通
5-2-13
☎ 078-382-0438
交 地下鉄西神・山手線「県庁前」
下車、北西へ徒歩3分。

朱がきれいに映える本殿

五《ご》宮《のみや》神《じん》社《じゃ》

四宮神社から五宮神社へ向かう。市街地の北端沿いに西に進むことになる。六甲山系の山々が連なり、北側に建物はなくなる。兵庫区五宮町という地名が残るところに五宮神社がある。

このあたりは、平安時代の福原京や清盛の邸宅・雪見御所、また清盛が浸かっていたという湊山温泉なども近い。

昭和のにおいが残るまち並みを歩き、山手に右折すれば五宮神社に到着する。神社には天穂日命《あめのほひのみこと》が祀られている。アマテラスの第二子といわれ、国譲りの件で、大国主神のところに交渉にいった神様だ。正義感が強く、道理を大切にする神様と言えるだろう。

ちまたでは農業や産業の神として信仰されており、五宮神社では、「開発と厄除け」にご神徳があるとし、「新しいことをやりたい・新しい自分を発見したい、とおもった時どうぞお参りください」とある。

かつては、「神社の東沿いの道は北に鍋蓋山を通って東の再度山大龍寺へ参る人々、有馬へ品物を運ぶ人々で賑わっており、境内には茶店があったほど」というが、今では、人影も少なく、ハイキングに往来する人々が足をやすめる程度という。境内を訪れると、その寂れた味わいが、侘び寂びの世界に通じる思いがする。

住 神戸市兵庫区五宮町22−10
☎ 078−361−3450
交 JR「三ノ宮」そごう前、JR「神戸」前、地下鉄「湊川公園」前より市バス７系統で「五宮町」下車、山側へ徒歩5分。

境内の背後は豊かな緑

六《ろく》宮《のみや》神《じん》社《じゃ》・八《はち》宮《のみや》神《じん》社《じゃ》

六宮と八宮は合祀されている

六宮神社と八宮神社は一緒のところに祀られている。六宮神社が明治時代に学校建設により移転したことによる。八宮神社もそれ以前に、旧市役所を建てる際に移転してきている。

神社は、神戸地方裁判所・中央図書館・文化ホール・中央体育館など神戸の文化施設が集まるところにある。神戸七福神の湊川神社にも近い。地下鉄大倉山駅から三分ほど、ＪＲ神戸駅などからでも歩いて十分とかからない。

六宮神社には天《あま》津《つ》彦根命《ひこねのみこと》、八宮神社には熊野《くまの》杼樟《くす》日命《びのみこと》が祀られている。天津彦根命は、アマテラスの息子である。神話ではアマテラスの子は男神で、女神はスサノオの子としている。天津彦根命は、もともと雨や風、日の神として知られ、また、いろんな氏族の祖先神とされ、土地の守護神、農業や漁業、産業の神といわれる。ここでは、ご利益が武運長久となっている。

八宮神社の熊野杼樟日命は、出雲の熊野大社か紀伊の熊野三山の関係とされ、神秘的な火や霊の意味があるらしい。万物の生成と和合の神、農業の神ともいわれるが、八宮では、ご利益が厄除け・厄落しである。

順番にめぐるとすれば、ここは六宮のみ参り、七宮を参詣してから再び戻ってくることになる。七宮までは、歩くと三十分。体の疲れと相談して、順番は無視して八宮も参ることにした。

住 神戸市中央区楠町3−4−13
☎ 078−341−6920
交 地下鉄西神・山手線「大倉山」下車、南東へ徒歩3分。

両神社で厄が落ち、勝負運がつく

七《しち》宮《のみや》神《じん》社《じゃ》

七宮神社は、大己貴尊《おおなむちのみこと》の祀られるところ。大己貴尊は大国主つまり七福神でいえば大黒様のことになる。大己貴尊は大国主命、大物主命、大国玉神など七つの名前を持つことから七宮神社という名が付けられたという。

一般的には、神功皇后が生田神社創設のときに七番目にめぐった神社だから七宮とされ、この七宮も含み「生田裔神《えいしん》八社」といわれるが、江戸時代に生田神社の裔神《えだがみ》という位置づけを不服として訴訟になったという出来事もあったらしい。裔神とは末社に祀られている神様のことをいう。なんだか、大国主の国譲りの神話とオーバーラップするような話で、私たち一般人にとっては、近寄りがたい。

七宮神社は、国道二号と南北に走る幹線道路が交差するところにあり、国道から西に向かっていけば、曲がり角で正面に神社が見え、神戸の西の方に住む人なら、この七宮神社を何度となく目にし、気になっていることだろう。さりとて、交通量の多いところで、気軽に車を停めて訪れることもむずかしい。

ここは、大国主を祀る、神代の昔から存在する由緒正しい神社なのだ。

境内は、まわりの雑然とした車の喧騒からはなれ、比較的小さな本殿が静かに佇んでいる。天皇や殿様などからも崇敬され、江戸末期には船豪商の高田屋嘉兵衛も祈願にきたことから、航海や海上安全の神様ともなった。

縁結びのご利益もあるという。

住神戸市兵庫区七宮町
2-3-21
℡078-671-3338
交JR神戸線「神戸」下車、南西へ
徒歩10分。

境内は静かで落ち着いている

こんなにたくさん
七福神めぐり

京都や大阪、そして兵庫には、
たくさんの七福神めぐりのコースがあります。
でも、七福神めぐりとして、表立った活動をしているところは多くなく、
廃止されているコースもあります。
だからといって、お寺や神社がなくなったという訳ではありません。
それぞれで七福神を祀り、ご朱印やグッズを揃えている寺社もたくさん。
誓い祈り願うココロがあれば、
きっと素敵なご利益をもたらしてくれるでしょう。
ここでは、なるべく多くの「七福神めぐり」のコースを紹介します。

【ご注意ください】

・七福神めぐりのリストは、コースや寺社の内容等で確証を得られないものもありましたが、なるべく多くご紹介したいと掲載しています。
・めぐる順番は基本的に北からを基準にしていますが、例外も多々あります。
・距離は正確なものではありませんので、目安としてご覧ください。
・最寄駅から遠い場所は、可能な限りバス便を記しました。ご利用の場合は、時刻や乗り継ぎ等、事前にご確認ください。
・寺社から寺社へ、続けて歩けそうなところは、徒歩での所要時間を マークで示しました。目安としてご覧ください。

【京都七福神】

それぞれの寺社が平安・鎌倉時代などからの長い歴史を持ち、七福神ご神体などもありがたみの深いものです。
15㎞以内程度の行程で、健脚な方にはハイキングにも格好なコースでしょう。

移動の距離の目安

- 遣迎院（福禄寿）
- 70分 5.6km
- 妙円寺（大黒天）
- 40分 3.2km
- 妙音堂（弁財天）
- 10分 0.8km
- 廬山寺（毘沙門天）
- 6分 0.5km
- 護浄院（恵比寿）
- 8分 0.6km
- 行願寺（寿老人）
- 5分 0.4km
- 大福寺（布袋尊）

寺社名	所在地（京都市）	最寄駅から徒歩
遣迎院	北区鷹峯光悦町9	地鉄「北大路」37分
妙円寺	左京区松ヶ崎東町31	地鉄「松ヶ崎」13分
妙音堂	上京区桝形通出町東入青龍町	京阪「出町柳」4分
廬山寺	上京区寺町広小路上ル北ノ辺町397	京阪「出町柳」15分
護浄院	上京区荒神口通寺町東入荒神町122	京阪「神宮丸太町」15分
行願寺	中京区行願寺門前町17	地鉄「丸太町」10分
大福寺	中京区麩屋町通二条上ル布袋屋町498	地鉄「京都市役所」10分

【京洛七福神】

京都の北方から鴨川沿いを南下し、山科に至る七福神めぐりのコースです。京之七福神めぐりとほぼ同じ寺社めぐりです。都・京都・京之・京洛七福神めぐりの寺社は多くがダブっています。

移動の距離の目安

妙円寺（大黒天）
40分 3.2km
妙音堂（弁財天）
14分 1.1km
護浄院（福禄寿）
9分 0.7km
行願寺（寿老人）
26分 2.1km
京都ゑびす神社（恵比寿）
19分 1.5km
長楽寺（布袋尊）
79分 6.3km
毘沙門堂（毘沙門天）

寺社名	所在地（京都市）	最寄駅から徒歩
妙円寺	左京区松ヶ崎東町31	地鉄「松ヶ崎」13分
妙音堂	上京区桝形通出町東入青龍町	京阪「出町柳」4分
護浄院	上京区荒神口通寺町東入荒神町122	京阪「神宮丸太町」15分
行願寺	中京区行願寺門前町17	地鉄「丸太町」10分
京都ゑびす神社	東山区大和大路通四条下ル小松町125	京阪「祇園四条」6分
長楽寺	東山区円山町626	京阪「祇園四条」15分
毘沙門堂	山科区安朱稲荷山町１８	JR「山科」20分

【京之七福神】

都・京都・京之七福神は、寺社の歴史が古く、一説によるとある意味、日本最古の七福神めぐりといえます。北は大原から南東の山科までかなりの移動距離がありますが、京都の寺社名所がたくさん含まれます。

移動の距離の目安

三千院弁天堂（弁財天）
10.3km
妙円寺（大黒天）
4.3km
護浄院（福禄寿）
0.7km　9分
行願寺（寿老人）
2.1km　26分
京都ゑびす神社（恵比寿）
1.5km　19分
長楽寺（布袋尊）
6.3km
毘沙門堂（毘沙門天）

寺社名	所在地（京都市）	最寄駅から徒歩
三千院弁天堂	左京区大原来迎院町540	京都市バス「大原」10分
妙円寺	左京区松ヶ崎東町31	地鉄「松ヶ崎」13分
護浄院	上京区荒神口通寺町東入荒神町122	京阪「神宮丸太町」15分
行願寺	中京区行願寺門前町17	地鉄「丸太町」10分
京都ゑびす神社	東山区大和大路通四条下ル小松町125	京阪「祇園四条」6分
長楽寺	東山区円山町626	京阪「祇園四条」15分
毘沙門堂	山科区安朱稲荷山町18	JR「山科」20分

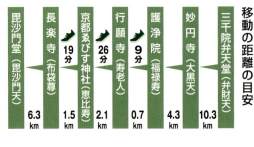

【七福巡礼】

京都市の北方にある鞍馬寺から宇治市の萬福寺まで広範囲にわたる七福神めぐりです。都・京都・京之・京洛七福神めぐりと共通する寺社も多くあります。布袋尊を東山の長楽寺とする説もあるようです。

移動の距離の目安

鞍馬寺（毘沙門天）
28.7km
無動寺（弁財天）
10.6km
妙円寺（大黒天）
4.3km
護浄院（福禄寿）
0.7km　9分
行願寺（寿老人）
2.1km　26分
京都ゑびす神社（恵比寿）
11.9km
萬福寺（布袋尊）

※萬福寺を長楽寺とすることもある

寺社名	所在地	最寄駅から徒歩
鞍馬寺	京都府京都市左京区鞍馬本町1074	叡電「鞍馬」・ケーブル
無動寺	滋賀県大津市坂本本町4220	叡電「八瀬比叡山口」・ケーブル
妙円寺	京都府京都市左京区松ヶ崎東町31	地鉄「松ヶ崎」13分
護浄院	京都府京都市上京区荒神口通寺町東入荒神町122	京阪「神宮丸太町」15分
行願寺	京都府京都市中京区行願寺門前町17	地鉄「丸太町」10分
京都ゑびす神社	京都府京都市東山区大和大路通四条下ル小松町125	京阪「祇園四条」6分
萬福寺	京都府宇治市五ヶ庄三番割34	JR・京阪「黄檗」5分

【東山七福神】

東山界隈を中心に伏見に至るまでの七福神めぐり。10km程度以内の移動距離で、春秋には徒歩でも楽しめるでしょう。文政年間（1800年すぎあたり）の設定とする資料もあるようです。

移動の距離の目安

吉水弁財天堂（弁財天）
↓ 1分 0.1km
長楽寺（布袋尊）
↓ 3分 0.2km
雙林寺（福禄寿）
↓ 19分 1.5km
清水寺（大黒天）
↓ 19分 1.5km
京都ゑびす神社（恵比寿）
↓ 35分 2.8km
東福寺（毘沙門天）
↓ 23分 1.8km
伏見稲荷（寿老人）

寺社名	所在地（京都市）	最寄駅から徒歩
吉水弁財天堂	東山区円山町 円山弁財天堂	京阪「祇園四条」15分
長楽寺	東山区円山町626	京阪「祇園四条」15分
雙林寺	東山区下河原鷲尾町527	京阪「祇園四条」15分
清水寺	東山区清水1-294	京阪「清水五条」25分
京都ゑびす神社	東山区大和大路通四条下ル小松町125	京阪「祇園四条」6分
東福寺	東山区本町15－778	JR・京阪「東福寺」9分
伏見稲荷	伏見区深草藪之内町68	JR「稲荷」1分

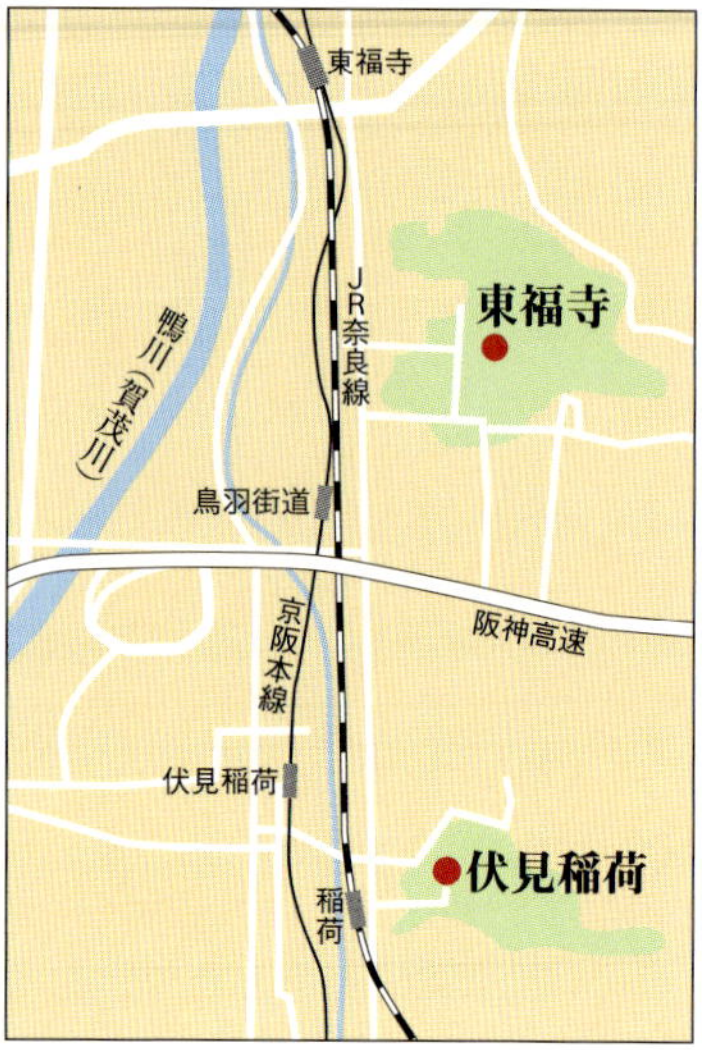

（注）七福神めぐりとしては廃止されてから年月が長く、伏見稲荷・東福寺などの寺社の方に聞いても「東山七福神」をご存知なく、七福神のご神体もないところがあります。

【東山十福神】

七福神のほか、稲荷大明神・薬師如来などの神仏をめぐります。1月9日、10日に「福もらい」として詣でたようですが、昭和50年に「めぐり」としては廃止されたようです。

移動の距離の目安

満足稲荷神社（稲荷大明神）
10分 0.8km
粟田神社（恵比寿）
13分 1.0km
安養寺（弁財天）
3分 0.2km
長楽寺（布袋尊）
3分 0.2km
雙林寺（薬師如来）
6分 0.5km
美御前社（美御前三神）
3分 0.2km
東景寺（秋葉大権現）
3分 0.2km
圓徳院（大黒天）
5分 0.4km
金剛寺（庚申尊）
5分 0.4km
安井金比羅宮（金比羅神）

寺社名	所在地（京都市）	最寄駅から徒歩
満足稲荷神社	左京区東大路仁王門下ル東門前町527-1	地鉄「東山」2分
粟田神社	東山区粟田口鍛冶町1	地鉄「東山」7分
安養寺	東山区円山町624	京阪「祇園四条」12分
長楽寺	東山区八坂円山町626	京阪「祇園四条」15分
雙林寺	東山区下河原鷲尾町527	京阪「祇園四条」15分
美御前社	東山区祇園町北側625八坂神社末社	京阪「祇園四条」8分
東景寺	東山区祇園町南側500	京阪「祇園四条」10分
圓徳院	東山区高台寺下河原町530	京阪「祇園四条」15分
金剛寺	東山区金園町390	京阪「祇園四条」20分
安井金比羅宮	東山区下弁天町70	京阪「祇園四条」10分

【泉涌寺七福神】

泉涌寺やその塔頭をめぐります。成人の日には新春恒例の行事として盛大に七福神めぐりが行われています。番外として愛染明王、楊貴妃観音もあります。

移動の距離の目安

即成院（福禄寿）→戒光寺（弁財天）→新善光寺（愛染明王）→今熊野観音寺（恵比寿）→来迎院（布袋尊）→雲龍院（大黒天）→楊貴妃観音堂（楊貴妃）→悲田院（毘沙門天）→法音院（寿老人）

※それぞれ 0.1 ～ 0.8km。2 ～ 10 分

寺社名	所在地（京都市）	最寄駅から徒歩
即成院	東山区泉涌寺山内町27	JR・京阪「東福寺」10分
戒光寺	以下、上記界隈	以下、上記界隈
新善光寺	〃	〃
今熊野観音寺	〃	〃
来迎院	〃	〃
雲龍院	〃	〃
楊貴妃観音堂	〃	〃
悲田院	〃	〃
法音院	〃	〃

【赤山禅院七福神】

都七福神のひとつになっている赤山禅院は、このお寺の中だけでも七福神像が揃っています。福禄寿や弁財天を祀るお堂もあり、またご本尊は七福神の候補とされた泰山府君です。

寺社名	所在地（京都市）	最寄駅から徒歩
赤山禅院	左京区修学院開根坊町18	叡電「修学院」20分

【革堂行願寺七福神】

都・京都・京之・京洛七福神のひとつともなっていますが、革堂だけでも七福神像が揃っています。福禄寿の祀られるお堂の傍に、七神が仲良く肩を並べています。

寺社名	所在地（京都市）	最寄駅から徒歩
行願寺	中京区行願寺門前町17	地鉄「丸太町」10分

鞍馬山七福神

鞍馬寺の七福神は鞍馬山のお堂に点在しています。ご本尊は七福巡礼の一つとなっている毘沙門天。奈良時代末期から平安時代初期に祀られたものといわれています。

源義経が修行を積んだ幽谷の山寺めぐりとしてもいいでしょう。

移動の距離の目安

双福苑（恵比寿）→双福苑（大黒天）→本殿金堂（毘沙門天）→巽の弁財天社（弁財天）→弥勒堂（布袋尊）→福寿星神祠（福禄寿）→福寿星神祠（寿老人）

※山中各所に点在。全行程90分程度

寺社名	所在地（京都市）	最寄駅から徒歩
双福苑	左京区鞍馬本町1074	叡電「鞍馬」・ケーブル
〃	以下、上記界隈	以下、鞍馬寺界隈
本殿金堂	〃	〃
巽の弁財天社	〃	〃
弥勒堂	〃	〃
福寿星神祠	〃	〃
〃	〃	〃

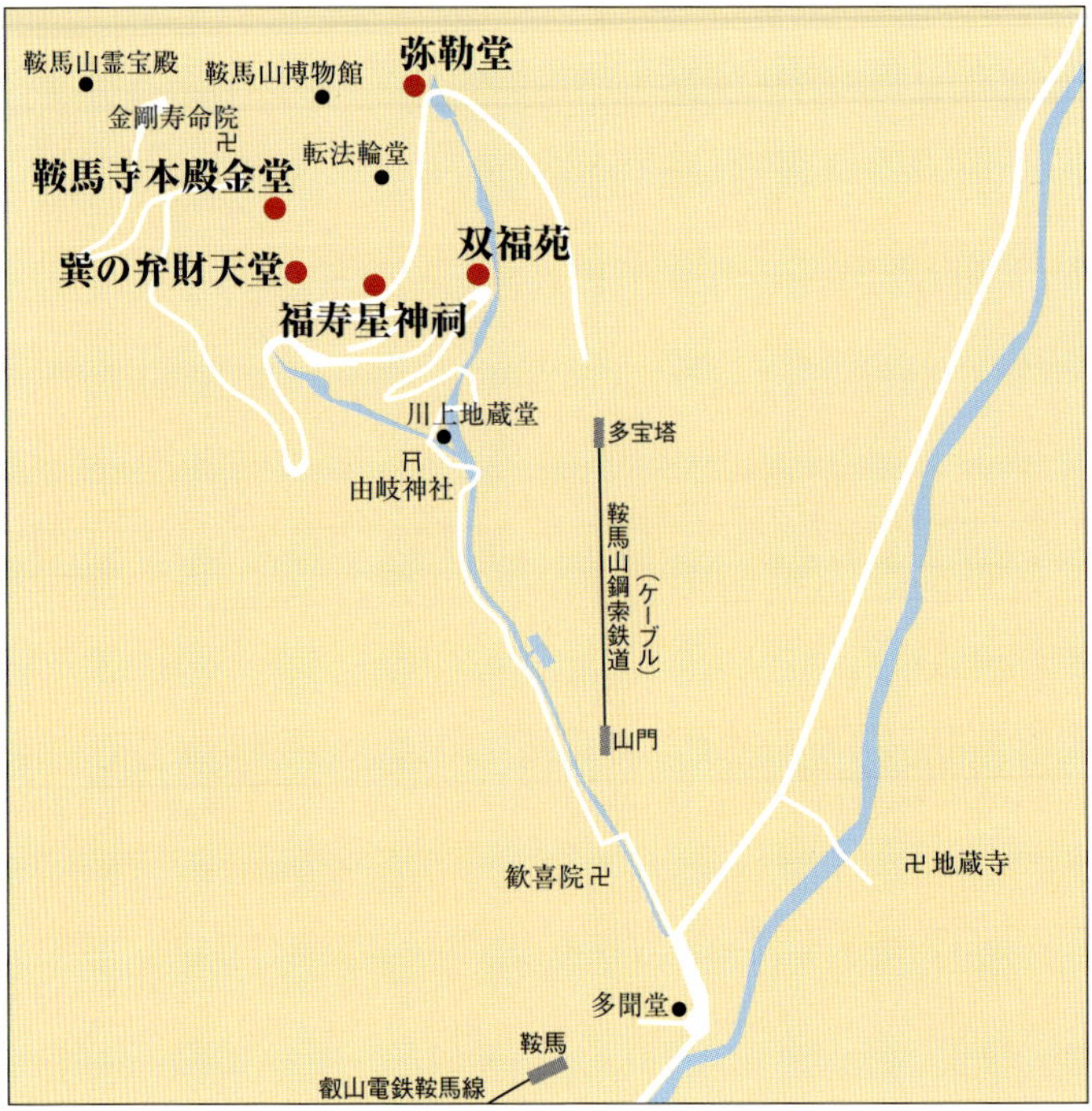

【西大路七福社】

七福神めぐりではありませんが、それぞれの神社で開運・病気平癒・縁結びなどのご利益がいただけます。昭和58年に設定されたもので、西大路通沿いに9㎞ほどの行程をめぐります。

移動の距離の目安

わら天神宮（安産）
↓ 8分 0.6km
平野神社（開運）
↓ 10分 0.8km
熊野神社衣笠分社（延命長寿）
↓ 11分 0.9km
大将軍八神社（建築方除）
↓ 34分 2.7km
春日神社（病気厄除）
↓ 30分 2.4km
若一神社（開運出世）
↓ 18分 1.4km
吉祥院天満宮（智恵・学問）

寺社名	所在地（京都市）	最寄駅から徒歩
わら天神宮	北区衣笠天神森町78	京福「北野白梅町」15分
平野神社	北区平野宮本町1	京福「北野白梅町」10分
熊野神社衣笠分社	北区小松原北町135-30	京福「北野白梅町」7分
大将軍八神社	上京区一条通御前西入西町48	京福「北野白梅町」5分
春日神社	右京区西院春日町61	阪急・京福「西院」3分
若一神社	下京区七条御所ノ内本町98	JR「西大路」5分
吉祥院天満宮	南区吉祥院政所町3	JR「西大路」15分

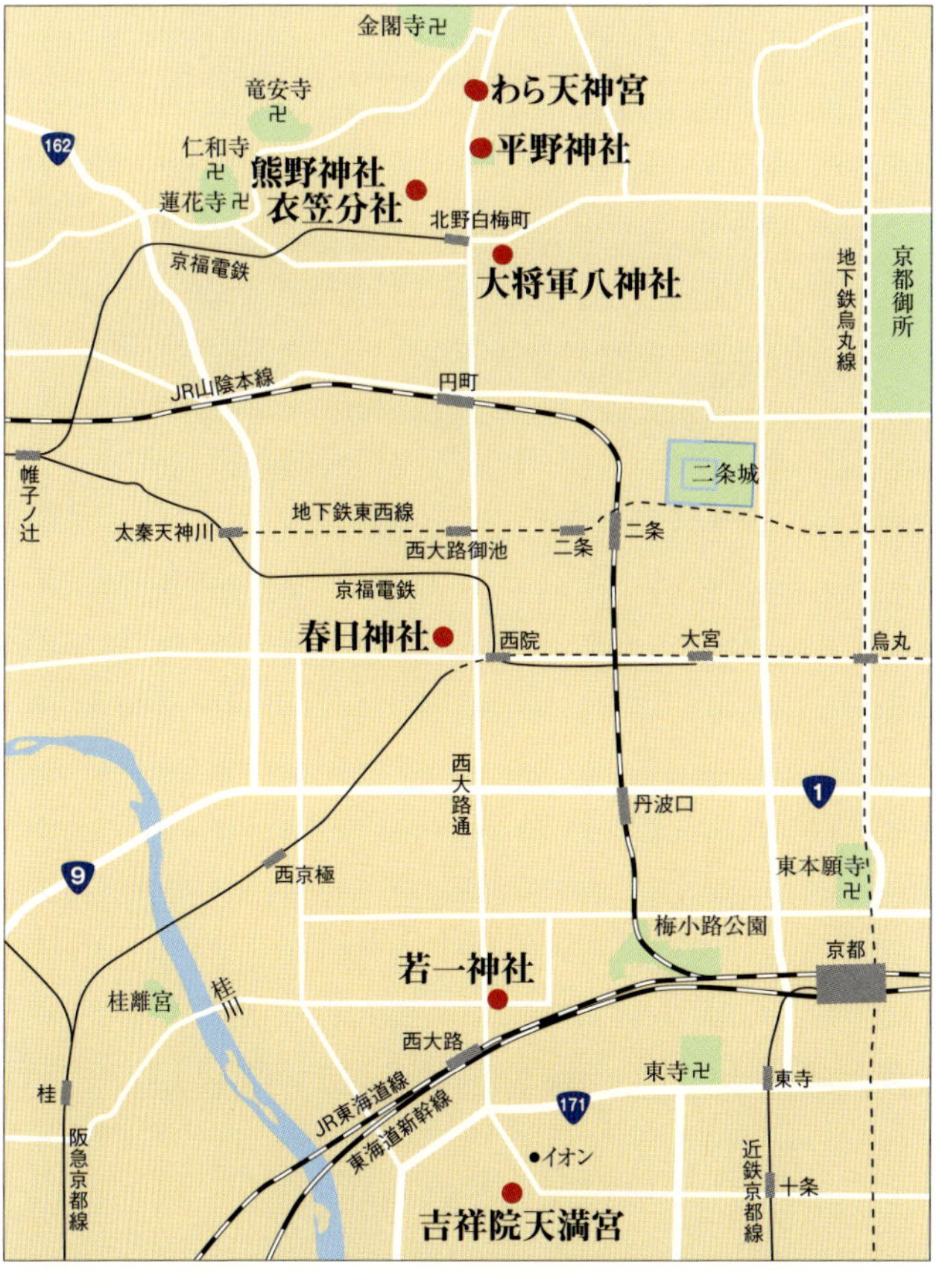

【天龍寺七福神】

毎年節分の日に、天龍寺塔頭の七寺を、福笹を受けてめぐります。ここでは、布袋尊・寿老人が不動明王と宝徳稲荷となっています。移動距離は1㎞未満。節分の日でなくても、春秋にはほどよいご利益散歩になるでしょう。

移動の距離の目安

松巌寺（福禄寿）→ 慈済院（弁財天）→ 弘源寺（毘沙門天）→ 三秀院（大黒天）→ 妙智院（宝徳稲荷）→ 寿寧院（不動明王）→ 永明院（恵比寿）

※それぞれ 0.1km 以内程度。1～2 分程度

寺社名	所在地（京都市）	最寄駅から徒歩
松巌寺	右京区嵯峨天龍寺芒ノ馬場町64	京福「嵐山」5分
慈済院	右京区嵯峨天龍寺芒ノ馬場町60	以下、上記界隈
弘源寺	右京区嵯峨天龍寺芒ノ馬場町65	〃
三秀院	右京区嵯峨天龍寺芒ノ馬場町66	〃
妙智院	右京区嵯峨天龍寺芒ノ馬場町67	〃
寿寧院	右京区嵯峨天龍寺芒ノ馬場町62	〃
永明院	右京区嵯峨天龍寺芒ノ馬場町63	〃

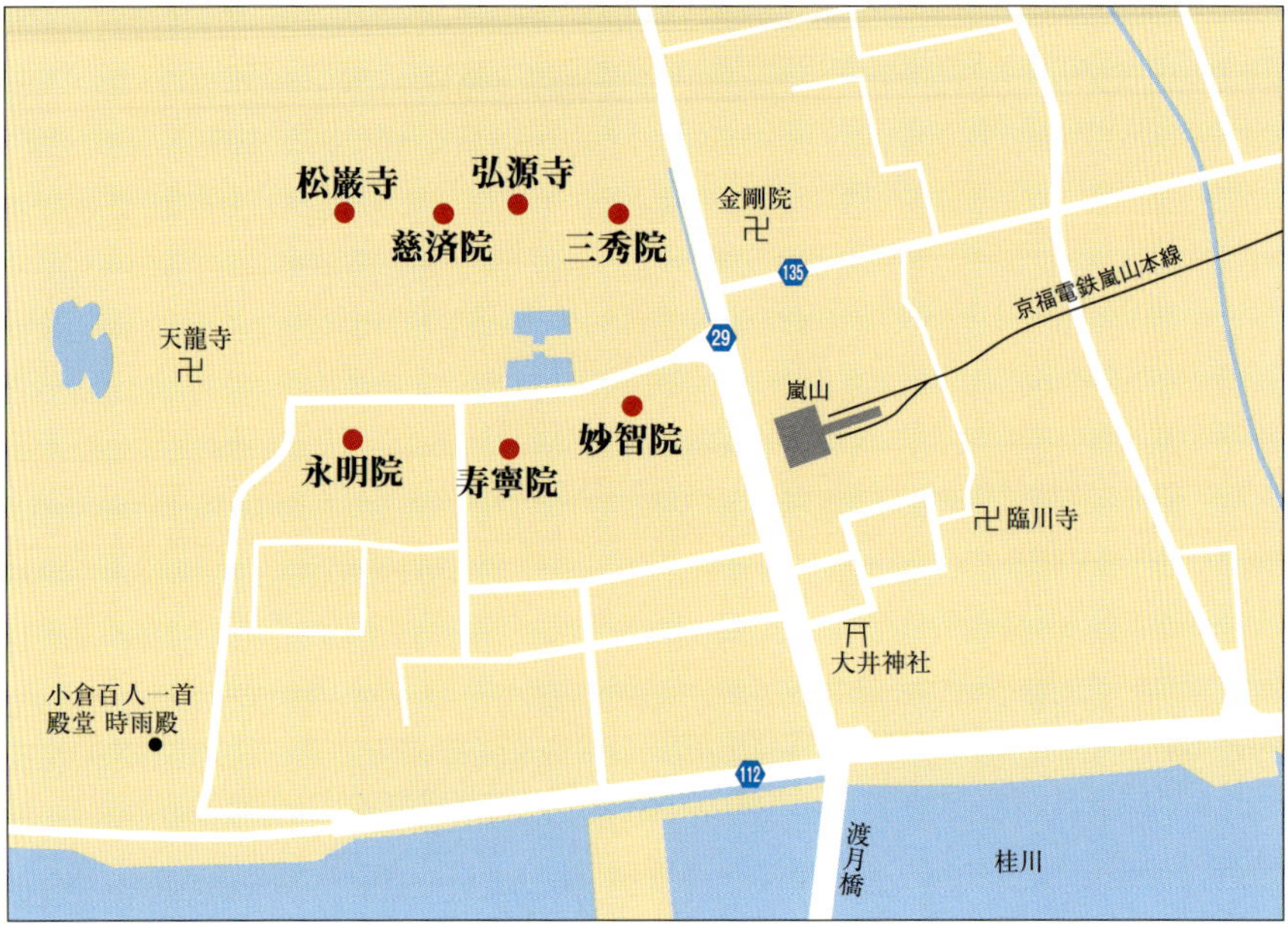

京極七福神

平安時代末期に創建されたという、永福寺・蛸薬師堂には、手のひらに乗るほどの可愛らしい七福神が祀られています。歓楽地・新京極にあり、京都観光のその足で訪れることができそうです。

寺社名	所在地（京都市）	最寄駅から徒歩
永福寺	中京区新京極蛸薬師東側町503	阪急「河原町」5分

藤森七福神

伏見五福めぐりのひとつの藤森神社は、ここだけでも七神の石像が揃っています。駈馬神事や菖蒲の節句発祥地として知られ、勝運、学問成就などのご利益があるようです。

寺社名	所在地（京都市）	最寄駅から徒歩
藤森神社	伏見区深草鳥居崎町609	JR「藤森」5分

【伏見七福神】

洛南七福神とも呼ばれる、伏見区にある七福神めぐりです。大正時代に賑わったようですが、昭和32年には廃止したと言われています。でも、今も多くの人が寺を訪れています。

移動の距離の目安

- 石峰寺（布袋尊）
- 26分 2.1km
- 西福寺（寿老人）
- 10分 0.8km
- 海宝寺（福禄寿）
- 19分 1.5km
- 大黒寺（大黒天）
- 1分 0.1km
- 金札宮（恵比寿）
- ー ー
- 法性寺（毘沙門天）
- 14分 1.1km
- 長建寺（弁財天）

※法性寺（廃寺）は、東山区本町にある法性寺とは別のお寺です

寺社名	所在地（京都市）	最寄駅から徒歩
石峰寺	伏見区深草石峰寺山町26	京阪「深草」5分
西福寺	伏見区深草大亀谷西寺町58	JR「藤森」1分
海宝寺	伏見区桃山町正宗20	JR「藤森」10分
大黒寺	伏見区鷹匠町4	京阪「丹波橋」5分
金札宮	伏見区鷹匠町8	京阪「丹波橋」5分
法性寺	廃寺	ー
長建寺	伏見区東柳町511	京阪「中書島」4分

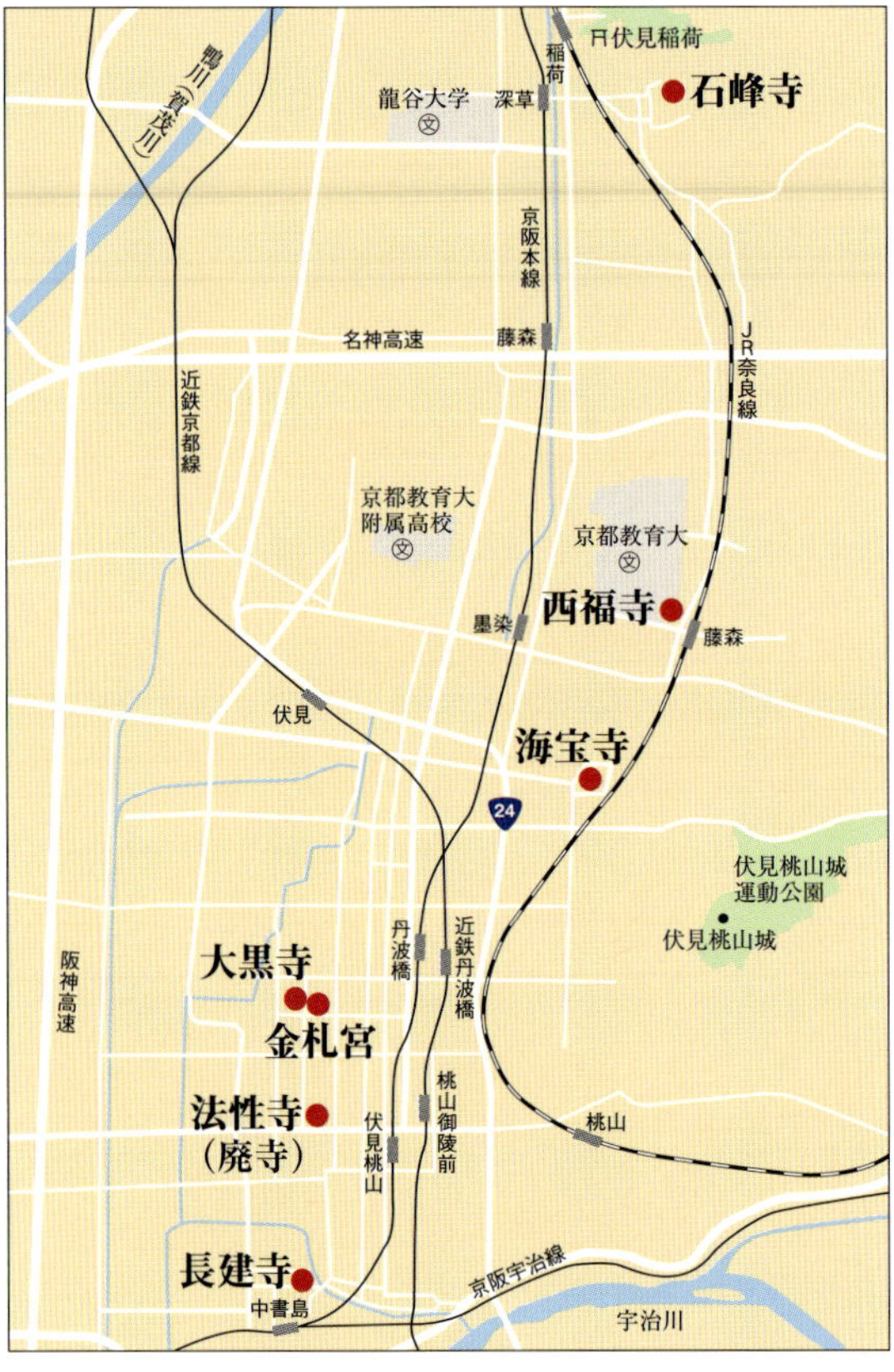

【京都六大黒天】

大黒天のみをめぐる福神めぐりです。厄災からの救済と、豊穣のご利益を願うには最適でしょう。各地に点在しています。

移動の距離の目安

遍照寺（嵯峨野大黒天）
7.9 km
平等寺（因幡堂大黒天）
12.2 km
正法寺（大原野大黒天）
11.3 km
大黒寺（伏見大黒天）
10.4 km
宝積寺（大山崎大黒天）
大徳寺（淀大黒天）

※大徳寺は、北区紫野の大徳寺とは別のお寺です。
　ご朱印は宝積寺でいただけます

寺社名	所在地（京都府）	最寄駅から徒歩
遍照寺	京都市右京区嵯峨広沢西裏町14	JR「嵯峨嵐山」15分
平等寺	京都市下京区因幡堂町728	地鉄「五条」阪急「烏丸」5分
正法寺	京都市西京区大原野南春日町1102	阪急バス「南春日町」10分
大黒寺	京都市伏見区鷹匠町4	京阪「丹波橋」7分
宝積寺	乙訓郡大山崎町大山崎銭原1	JR「山崎」10分
大徳寺	京都市伏見区淀水垂町259→移転	—

丹波七福神

亀岡七福神ともいわれ、亀岡市にある七福神です。５㎞ほどの行程で、ウォーキングコースとしても人気があるようですが、駅からお寺までの距離を合わせると11㎞ほどになります。

移動の距離の目安

東光寺（福禄寿）
↓ 11分 0.9km
極楽寺（寿老人）
↓ 11分 0.9km
耕雲寺（恵比寿）
↓ 8分 0.6km
金光寺（弁財天）
↓ 11分 0.9km
蔵宝寺（大黒天）
↓ 18分 1.4km
養仙寺（布袋尊）
↓ 6分 0.5km
神応寺（毘沙門天）

寺社名	所在地（京都府）	最寄駅から徒歩
東光寺	亀岡市千歳町千歳上所44	亀岡市バス「小口」4分
極楽寺	亀岡市千歳町千歳北所24	亀岡市バス「出雲」2分
耕雲寺	亀岡市千歳町千歳御所垣内3	亀岡市バス「出雲神社前」7分
金光寺	亀岡市千歳町千歳壱後山	亀岡市バス「中村」5分
蔵宝寺	亀岡市千歳町千歳横井113	亀岡市バス「江島里」4分
養仙寺	亀岡市千歳町国分南山ノ口17	亀岡市バス「国分」4分
神応寺	亀岡市千歳町毘沙門奥条17	亀岡市バス「毘沙門」4分

【丹波寿七福神】

京都府を中心に、兵庫県篠山市にかけての七福神めぐりです。兵庫・京都・滋賀・福井の35寺が「宝の道七福神会」を結成し、平成初期に設定されました。「宝の道七福神会」では、第一番谷性寺から、京都帝釈天、南陽寺、龍澤寺、新宮寺、興雲寺、第七番松隣寺の順になっています。

移動の距離の目安

興雲寺（大黒天）
↓ 12.1km
松隣寺（寿老人）
↓ 17.2km
新宮寺（弁財天）
↓ 10.1km
龍澤寺（福禄寿）
↓ 14km
京都帝釈天（毘沙門天）
↓ 7.5km
南陽寺（布袋尊）
↓ 10.7km
谷性寺（恵比寿）

寺社名	所在地	最寄駅から徒歩
興雲寺	京都府福知山市三和町中出16	福知山市三和バス「興雲寺前」2分
松隣寺	兵庫県篠山市本郷803	篠山市ハートラン「松隣寺前」1分
新宮寺	京都府船井郡京丹波町豊田新宮谷67	西日本JRバス「九手神社前」10分
龍澤寺	京都府船井郡日吉町胡麻法尺谷23	JR「胡麻」20分
京都帝釈天	京都府南丹市八木町船枝	京阪京都交通バス「室橋」20分
南陽寺	京都府南丹市園部町美園町1-1	JR「園部」20分
谷性寺	京都府亀岡市宮前町猪倉土山39	京阪京都交通バス「猪倉」4分

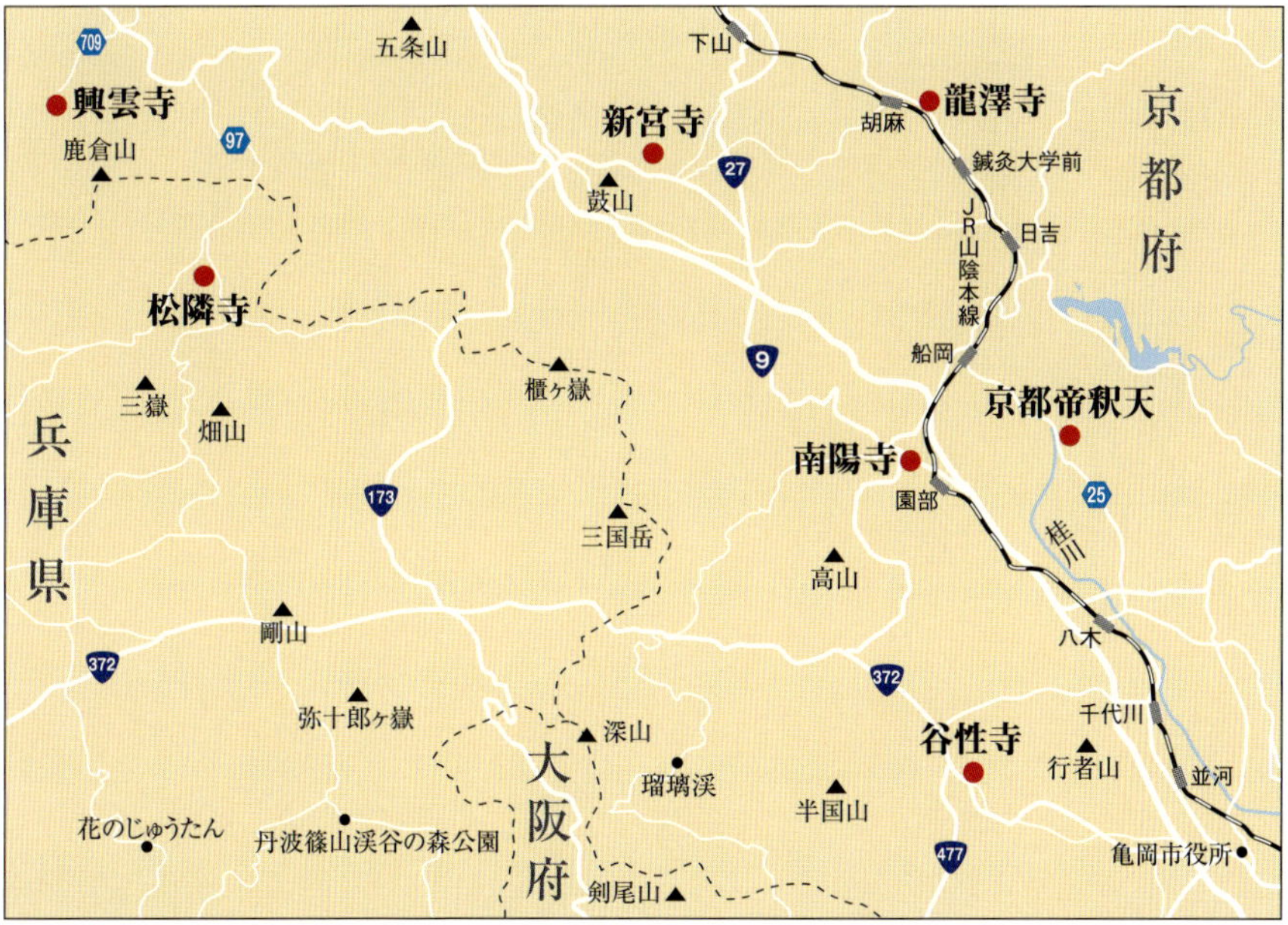

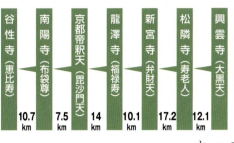

【北大阪七福神】

JR大阪駅の東、太融寺あたりから桜ノ宮にかけてのコースです。戦前まで人気があったようですが、戦後からの資料はなく、「めぐり」としては現在は廃止状態のようです。もちろん、各寺社への参拝はでき、それぞれの福神のご利益もいただけます。

移動の距離の目安

- 太融寺（弁財天）
- 4分 0.3km
- 妙香院（毘沙門天）
- 6分 0.5km
- 堀川戎神社（恵比寿）
- 8分 0.6km
- 正善院（福禄寿）
- 14分 1.1km
- 国分寺（布袋尊）
- 3分 0.2km
- 鶴満寺（寿老人）
- 25分 2.0km
- 大長寺（大黒天）

寺社名	所在地（大阪市）	最寄駅から徒歩
太融寺	北区太融寺町3-7	地鉄「東梅田」7分
妙香院	北区兎我野町7-6	地鉄「東梅田」6分
堀川戎神社	北区西天満5-4-17	地鉄「南森町」3分
正善院	北区天神橋3-11-3	地鉄「扇町」2分
国分寺	北区国分寺1-6-18	地鉄「天神橋6丁目」3分
鶴満寺	北区長柄東1-3-12	地鉄「天神橋6丁目」4分
大長寺	都島区中野町2-1-14	JR「大阪城北詰」5分

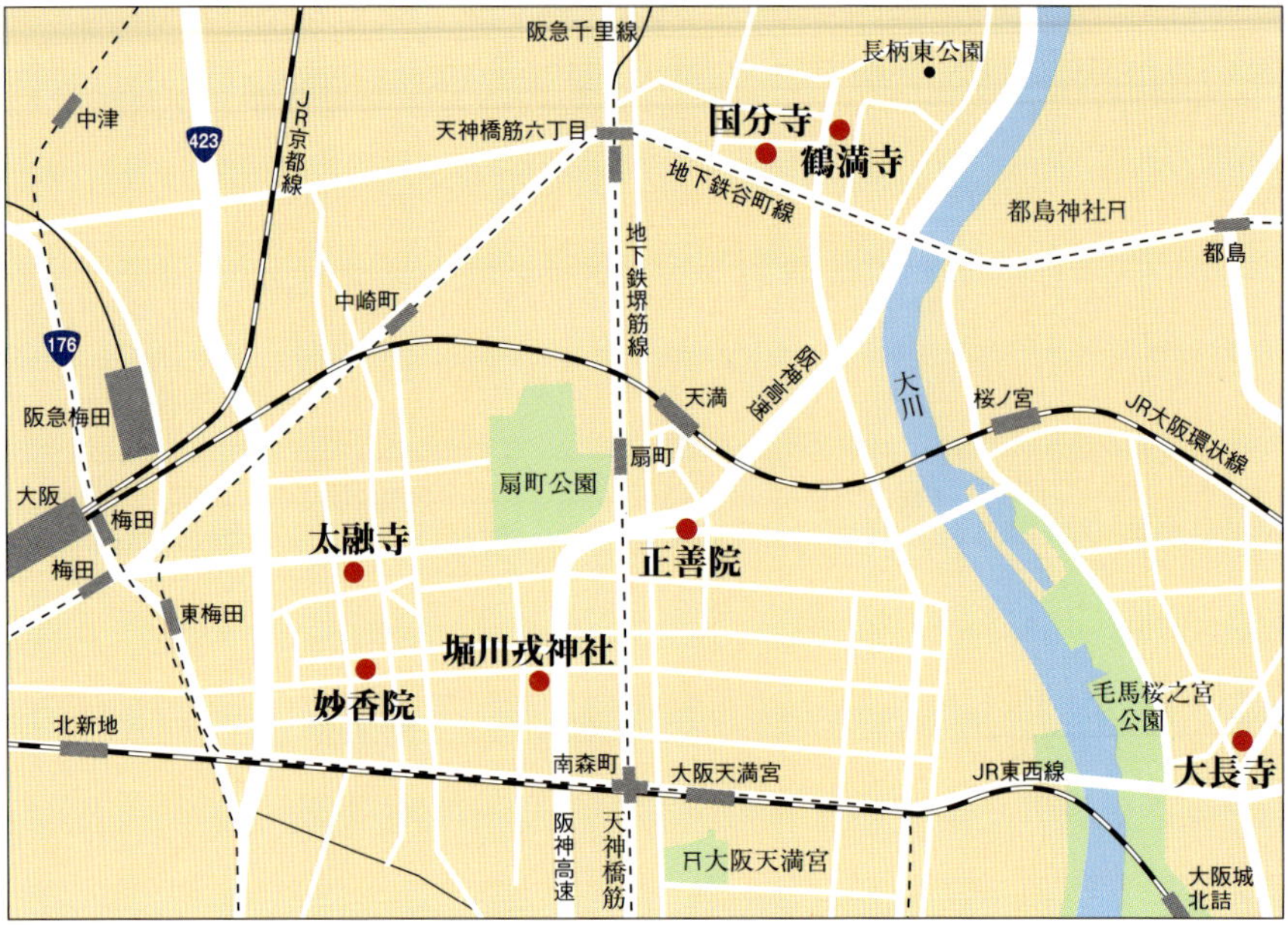

阪急沿線七福神

大阪・兵庫にかけて、阪急電鉄沿線の七福神めぐりです。西国七福神とも呼ばれます。七寺社の参拝印を集めると阪急電車オリジナルのミニチュア電車や金杯がもらえる企画もあるようです。

移動の距離の目安

清荒神（布袋尊）
35分 2.8km
中山寺（寿老人）
5.8km
呉服神社（恵比寿）
6.1km
瀧安寺（弁財天）
11分 0.9km
西江寺（大黒天）
6.1km
圓満寺（福禄寿）
36分 2.9km
萩の寺（毘沙門天）

寺社名	所在地	最寄駅から徒歩
清荒神	兵庫県宝塚市米谷字清シ1	阪急「清荒神」15分
中山寺	兵庫県宝塚市中山寺2-11-1	阪急「中山観音」1分
呉服神社	大阪府池田市室町7-4	阪急「池田」5分
瀧安寺	大阪府箕面市箕面公園2-23	阪急「箕面」15分
西江寺	大阪府箕面市箕面2-5-27	阪急「箕面」5分
圓満寺	大阪府豊中市蛍池東町1-13-12	阪急「蛍池」4分
萩の寺	大阪府豊中市南桜塚1-12-7	阪急「曽根」4分

南海沿線七福神

大阪市内南部から、泉南市にかけて、南海電鉄沿線の七福神めぐりです。行程は長く、泉北高速鉄道やバスを使っての移動が便利。何日かにわけての参詣となるでしょう。

移動の距離の目安

大国主神社（大黒天）
↓ 10分 0.8km
今宮戎神社（恵比寿）
↓ 12.0km
万代寺（毘沙門天）
↓ 16.3km
松尾寺（寿老人）
↓ 9.9km
水間寺（弁財天）
↓ 12.5km
七宝瀧寺（布袋尊）
↓ 14.5km
長慶寺（福禄寿）

寺社名	所在地	最寄駅から徒歩
大国主神社	大阪市浪速区敷津西1-2-12	地鉄「大国町」2分
今宮戎神社	大阪市浪速区恵美須西1-6-10	地鉄「大国町」5分
万代寺	堺市北区百舌鳥赤畑町5-705	南海「百舌八幡宮」9分
松尾寺	和泉市松尾寺町2168	南海バス「松尾寺」5分
水間寺	貝塚市水間638	水間鉄道「水間観音」10分
七宝瀧寺	泉佐野市大木8	南海バス「犬鳴山」30分
長慶寺	泉南市信達市場815	JR「和泉砂川」11分

河内飛鳥七福神

大阪市内から河内長野市まで大阪の南東部をめぐる七福神です。行程が長く、電車駅から遠いところもあり、自動車での移動が便利でしょう。四天王寺は大阪七福神のひとつでもあり、見ごたえのあるところです。

移動の距離の目安

- 四天王寺布袋堂（布袋尊）
- 6.3 km
- 長栄寺（福禄寿）
- 6.7 km
- 大聖勝軍寺（毘沙門天）
- 8.5 km
- 西琳寺（恵比寿）
- 9.6 km
- 高貴寺（弁財天）
- 4.8 km
- 弘川寺（大黒天）
- 11.2 km
- 延命寺（寿老人）

寺社名	所在地	最寄駅から徒歩
四天王寺布袋堂	大阪市天王寺区四天王寺1-11-18	南海「南海難波」4分
長栄寺	東大阪市高井田元町1-11-1	JR・近鉄「河内永和」3分
大聖勝軍寺	八尾市太子堂3-3-16	JR「八尾」6分
西琳寺	羽曳野市古市2-3-2	近鉄「古市」6分
高貴寺	南河内郡河南町平石539	金剛バス「平石」15分
弘川寺	南河内郡河南町弘川43	金剛バス「河内」5分
延命寺	河内長野市神ケ丘492	南海バス「神ケ丘口」11分

庚申堂七福神

もともと四天王寺の末寺だった庚申堂は、四天王寺から歩いて3分ほどのところにあります。このお寺だけで石像の七福神が揃い、野ざらしの歴史を刻んできたように佇んでいます。

寺社名	所在地	最寄駅から徒歩
庚申堂	大阪市天王寺区堀越町2-15	全線「天王寺」8分

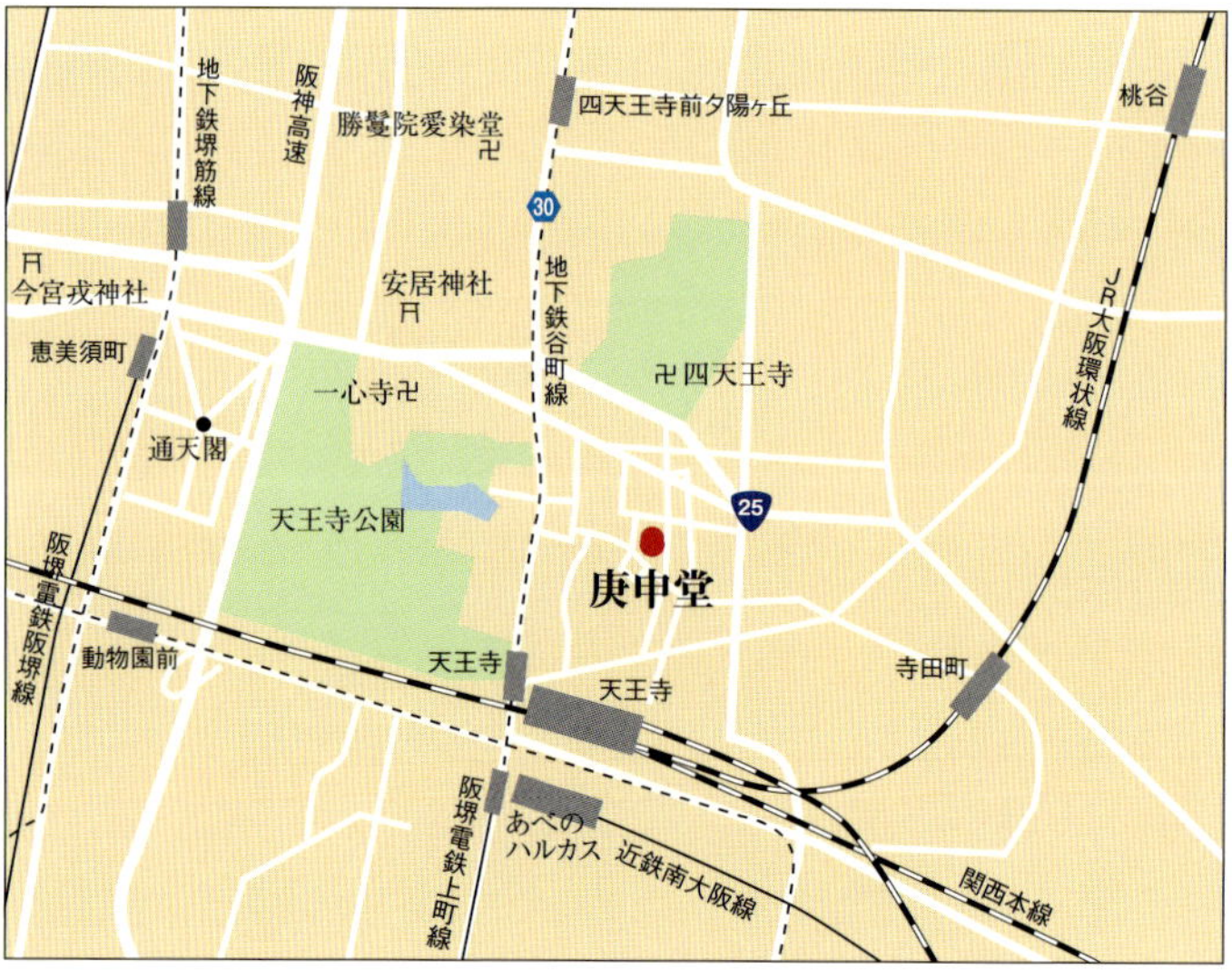

河内七福神

菩提寺の境内にある七福神。歴史は古く、縁起は聖徳太子ゆかりの善根寺といいます。「威光、愛嬌、裕福、律儀、大量、人望、長寿」の徳が得られるとされています。

寺社名	所在地	最寄駅から徒歩
菩提寺	東大阪市善根寺町6-1-26	近鉄「石切」27分

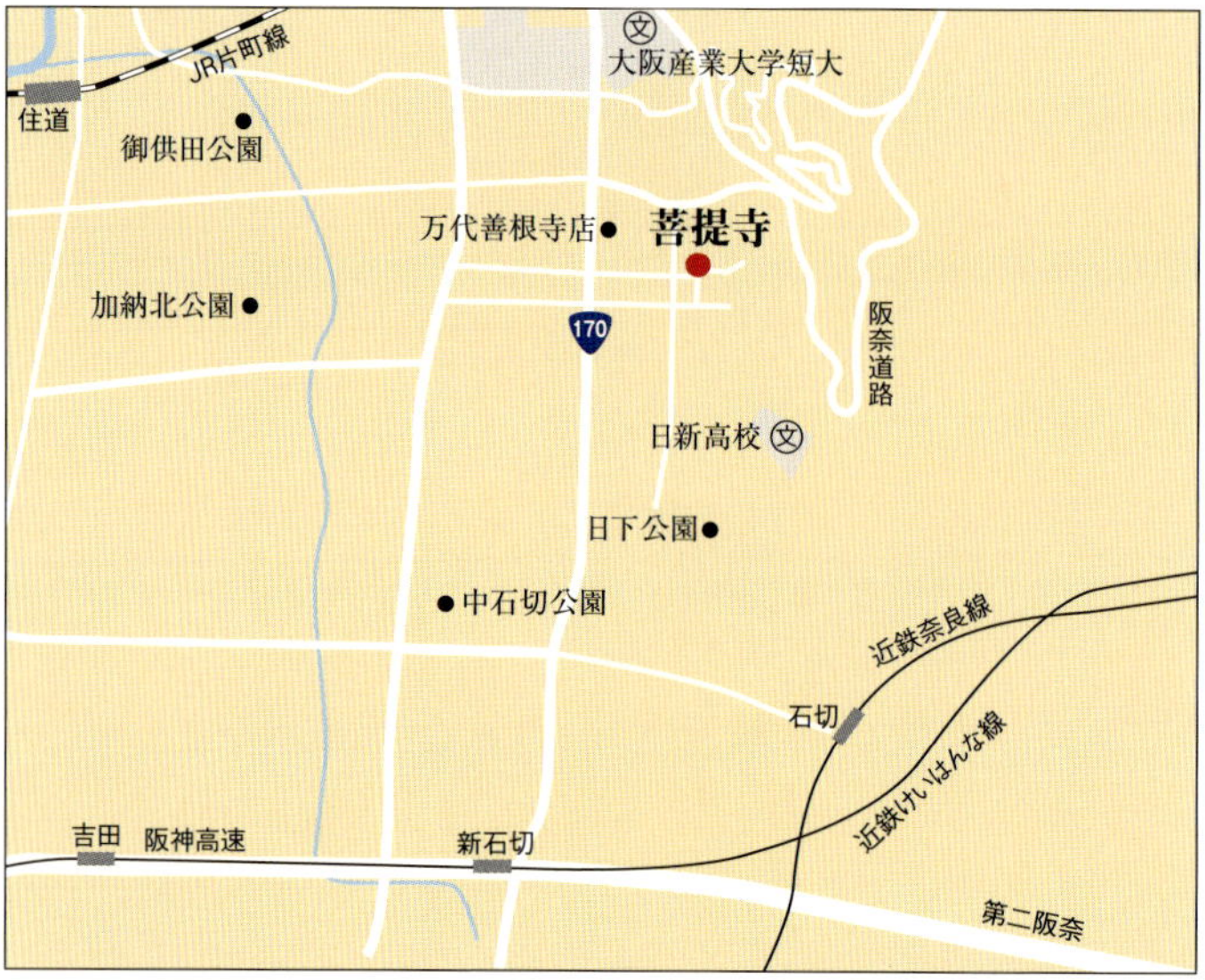

【清盛七辯天】

平清盛が安芸の厳島神社より七カ所に勧請したという弁財天をめぐるコースです。兵庫七福神と重なる寺社もあります。能福寺は、比較的小さな寺院ですが、天台宗開祖の最澄が建てた寺で、兵庫大仏も見られます。

移動の距離の目安

花隈厳島神社（健康辯天）
38分 3.0km
氷室神社（恋愛辯天）
25分 2.1km
兵庫厳島神社（お洒落辯天）
6分 0.5km
恵林寺（運動辯天）
1分 0.1km
済鱗寺（勉強辯天）
13分 1.0km
真光寺（音楽辯天）
13分 1.0km
和田神社（安全辯天）

寺社名	所在地（神戸市）	最寄駅から徒歩
花隈厳島神社	中央区花隈町6-5	地鉄「県庁前」4分
氷室神社	兵庫区氷室町2-15-1	神鉄「長田」15分
兵庫厳島神社	兵庫区永沢町4-4-21	神戸高速「新開地」3分
恵林寺	兵庫区兵庫町2-2-1	神戸高速「新開地」10分
済鱗寺	兵庫区兵庫町2-1-38	神戸高速「新開地」10分
真光寺	兵庫区松原通1-1-62	JR「兵庫」10分
和田神社	兵庫区和田宮通3-2-45	地鉄「和田岬」2分

【須磨寺七福神】

須磨寺は神戸七福神のひとつで、お寺単独の七福神めぐりもあります。この「奥の院七福神巡り」は「十三佛巡り」と同時に行うことができ、緑の中を自然浴をしながら回ることができます。

寺社名	所在地(神戸市)	最寄駅から徒歩
須磨寺	須磨区須磨寺町4-6-8	山電「須磨寺」5分

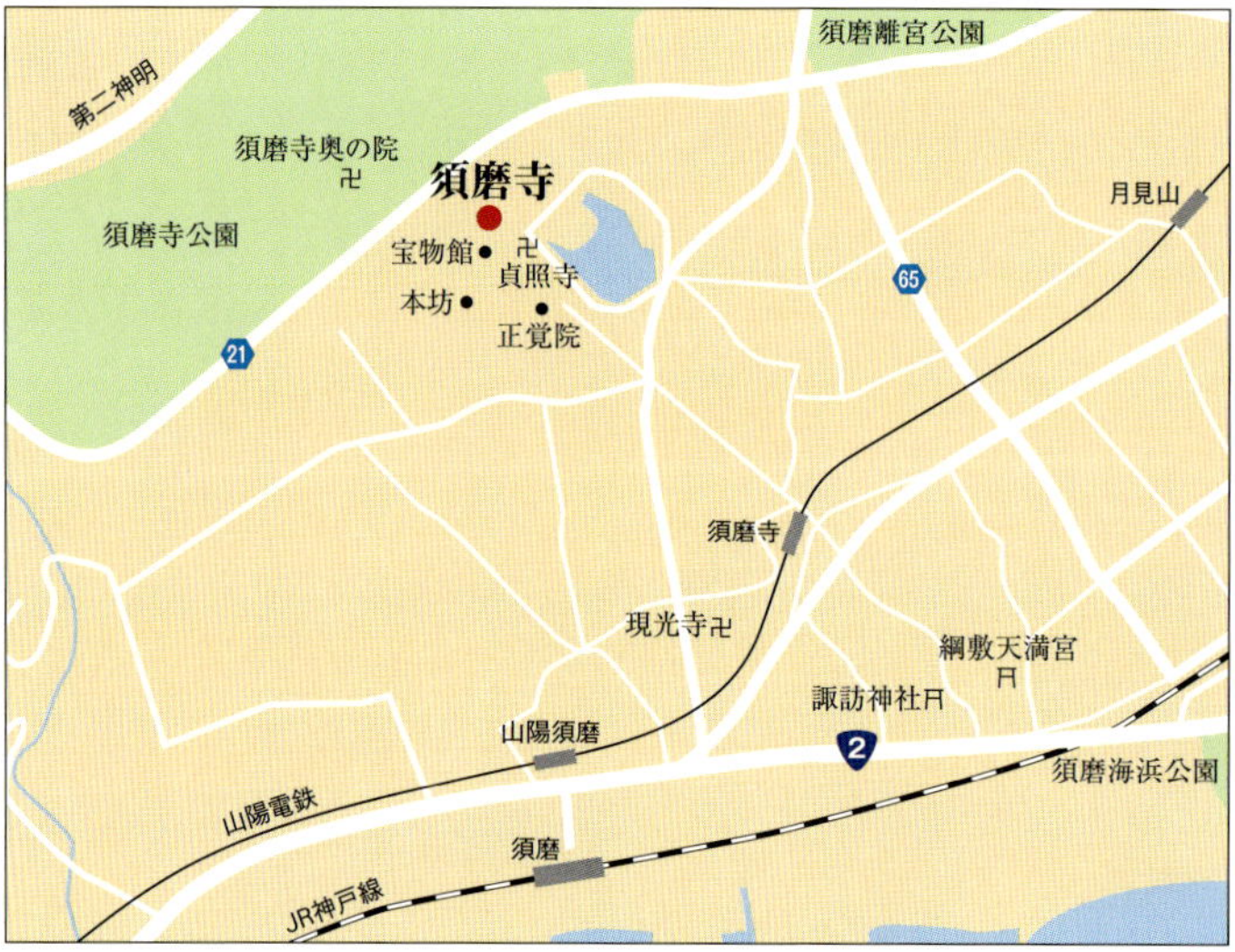

【おまねき七福神】

三田郊外のお寺、宅原寺。可愛らしい七福神が向かい合って鎮座しています。「おおきなご利益・まもって下さる・ねがいを込めれば・きっと叶う」の文字の頭をとって「お招き」とされているようです。

寺社名	所在地(神戸市)	最寄駅から徒歩
宅原寺	北区長尾町宅原2458	神鉄「神鉄道場」15分

【神鉄沿線七福神】

神戸市の北部、神鉄沿線7寺社の七福神です。昭和初期から末期まで活動し、現在は「めぐり」としては休止中ですが、それぞれの寺社にお参りすることはできます。神鉄七福神と呼ばれたようです。

移動の距離の目安

布袋寺（布袋尊）
↓ 4.7km
有間神社（恵比寿）
↓ 4.4km
善福寺（寿老人）
↓ 0.4km　5分
湯泉神社（大黒天）
↓ 5.3km
多聞寺（毘沙門天）
↓ 1.3km　16分
興隆寺（大池聖天）（弁財天・福禄寿）

寺社名	所在地（神戸市）	最寄駅から徒歩
布袋寺	北区有野町二郎779	神鉄「二郎」5分
有間神社	北区有野町有野4435	神鉄「岡場」10分
善福寺	北区有馬町1645	神鉄「有馬温泉」3分
湯泉神社	北区有馬町1908	神鉄「有馬温泉」8分
多聞寺	北区有野町唐櫃3086-1	神鉄「神鉄六甲」3分
興隆寺(大池聖天)	北区有野町唐櫃4301-7	神鉄「大池」5分

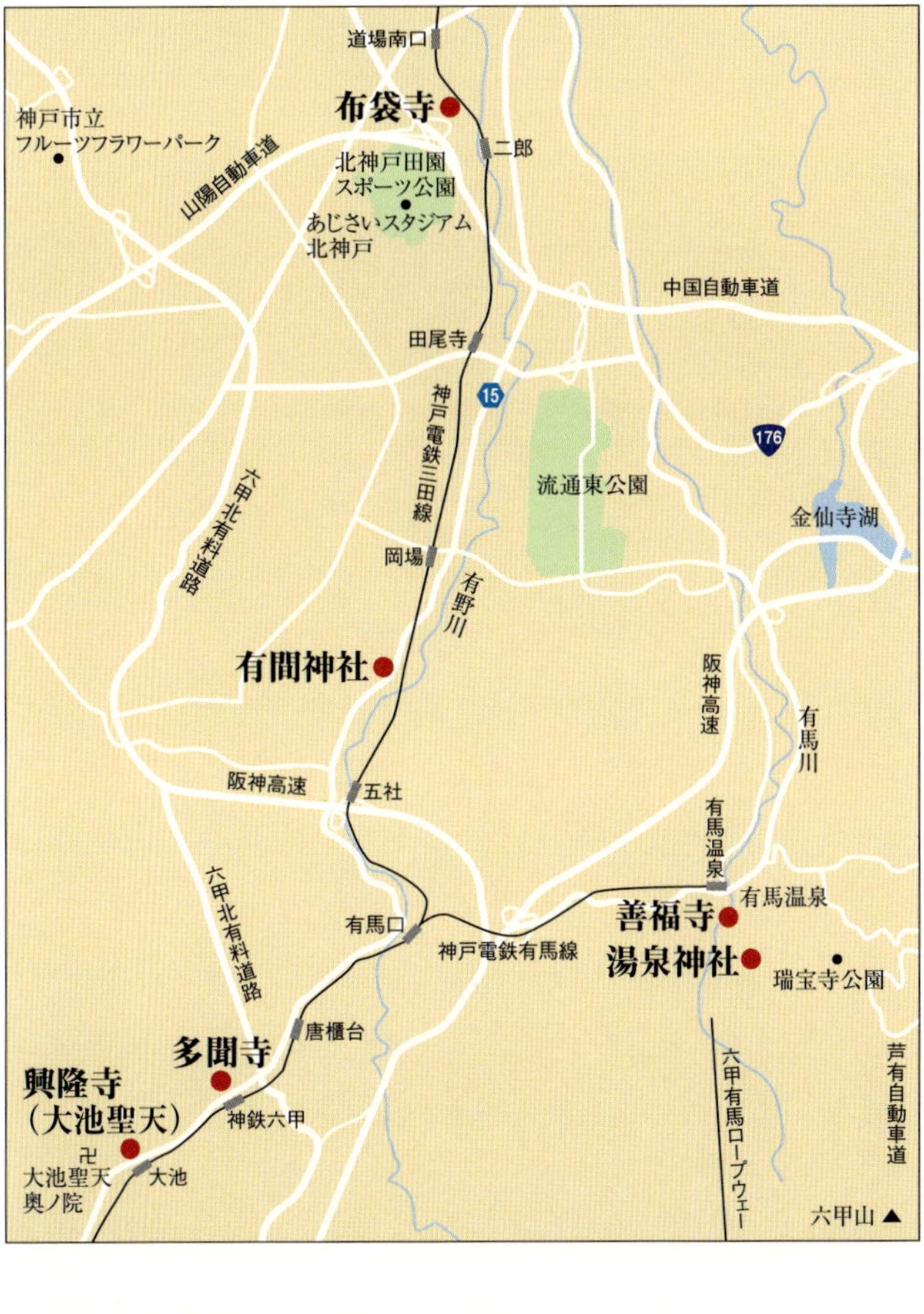

【中山寺山内七福神】

中山寺の中にあるお堂二つと塔頭五寺でめぐることのできる七福神です。さっとめぐるだけなら、30分もあれば可能でしょう。中山寺は阪急沿線七福神や関西七福神のひとつでもあります。

移動の距離の目安

鎮守社（恵比寿） → 寿老神堂（寿老人） → 観音院（大黒天） → 成就院（布袋尊） → 宝蔵院（弁財天） → 華蔵院（毘沙門天） → 総持院（福禄寿）

※それぞれ 0.1km 以内程度。1～2 分程度

寺社名	所在地	最寄駅から徒歩
鎮守社	宝塚市中山寺2-11-1	阪急「中山観音」1分
寿老神堂	以下、上記界隈	以降広い境内の中
観音院	〃	〃
成就院	〃	〃
宝蔵院	〃	〃
華蔵院	〃	〃
総持院	〃	〃

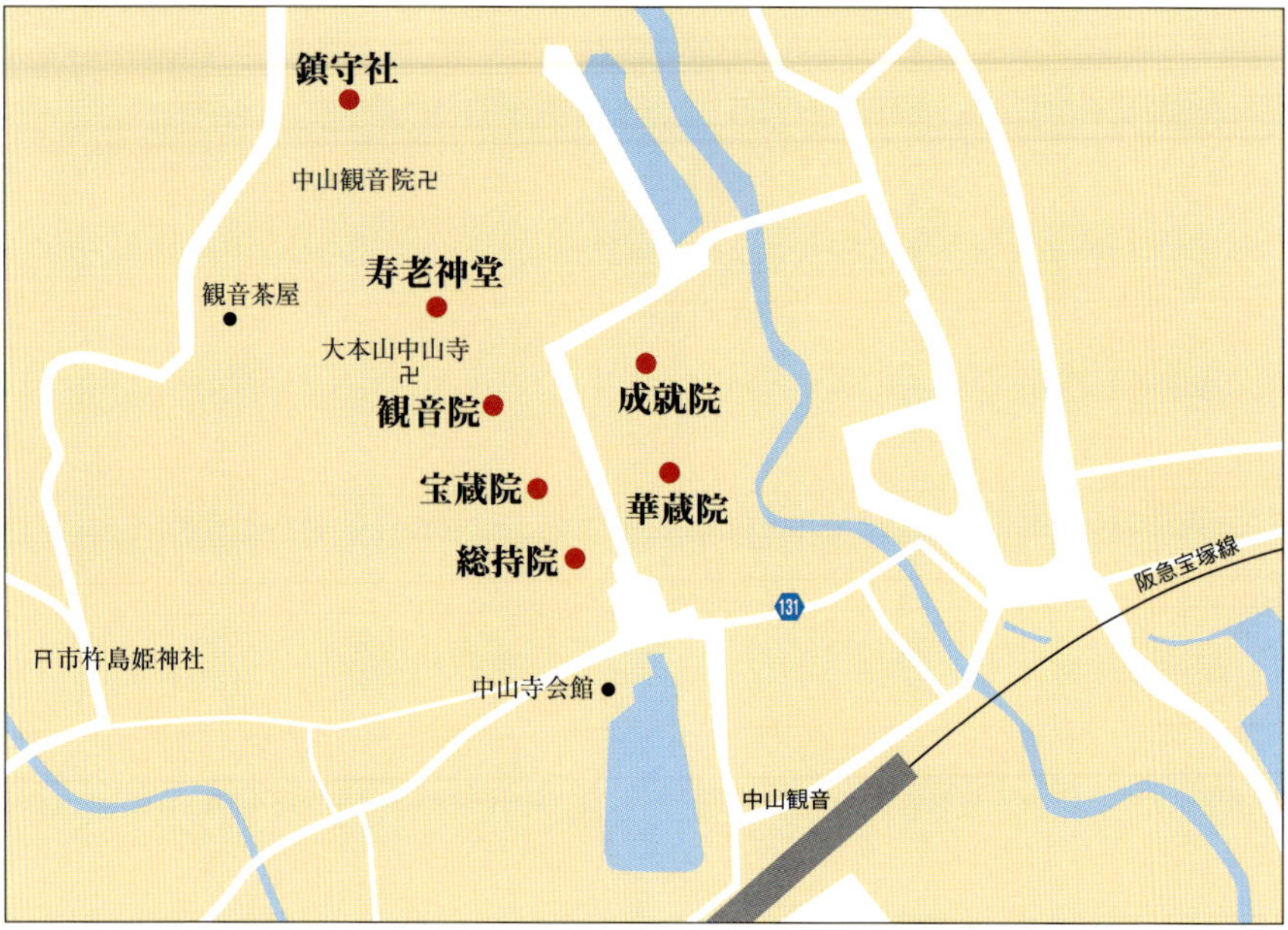

【北摂七福神】

川西の郊外から妙見山をめぐるコースです。妙見山は少し離れていますが、自然の中のハイキングとしても心地よく、心身ともにリフレッシュできます。日を変えて徒歩での参詣もいいでしょう。

移動の距離の目安

- 能勢妙見（大黒天）
- 12.4km
- 山下恵比寿神社（恵比寿）
- 16分 1.3km
- 頼光寺（寿老人）
- 35分 2.8km
- 多太神社（福禄寿）
- 13分 1.0km
- 法泉寺（布袋尊）
- 11分 0.9km
- 多田神社（弁財天）
- 5.6km
- 満願寺（毘沙門天）

寺社名	所在地	最寄駅から徒歩
能勢妙見（大黒堂）	川西市黒川奥山467	妙見の森ケーブル
山下恵比寿神社	川西市山下町19	能勢電「山下」10分
頼光寺	川西市東畦野2-17-2	能勢電「畦野」5分
多太神社	川西市平野2-20-21	能勢電「平野」7分
法泉寺	川西市新田2-18-8	能勢電「多田」14分
多田神社	川西市多田院多田所町1-1	能勢電「多田」15分
満願寺	川西市満願寺町7-1	阪急「雲雀丘花屋敷」26分

【伊丹七福神】

伊丹市内だけで七福神めぐりができるコースです。駅からの行程を入れると10㎞ほど。朝はやく出て、ハイキングがてら歩いてみるのもいいでしょう。奈良時代の大僧正行基が創建した昆陽寺があります。

移動の距離の目安

金剛院（恵比寿）
↓ 16分 1.3km
安楽院（福禄寿）
↓ 25分 2.0km
昆陽院（寿老人）
↓ 1分 0.1km
遍照院（大黒天）
↓ 1分 0.1km
一乗院（弁財天）
↓ 4分 0.3km
正覚院（毘沙門天）
↓ 18分 1.4km
大空寺（布袋尊）

寺社名	所在地	最寄駅から徒歩
金剛院	伊丹市宮ノ前2-2-7	阪急「伊丹」6分
安楽院	伊丹市千僧3-22	阪急「伊丹」16分
昆陽院	伊丹市寺本2-169	阪急「伊丹」31分
遍照院	伊丹市寺本2-167	阪急「伊丹」32分
一乗院	伊丹市寺本2-159	阪急「伊丹」32分
正覚院	伊丹市寺本1-103	阪急「伊丹」31分
大空寺	伊丹市野間6-5-5	阪急「武庫之荘」21分

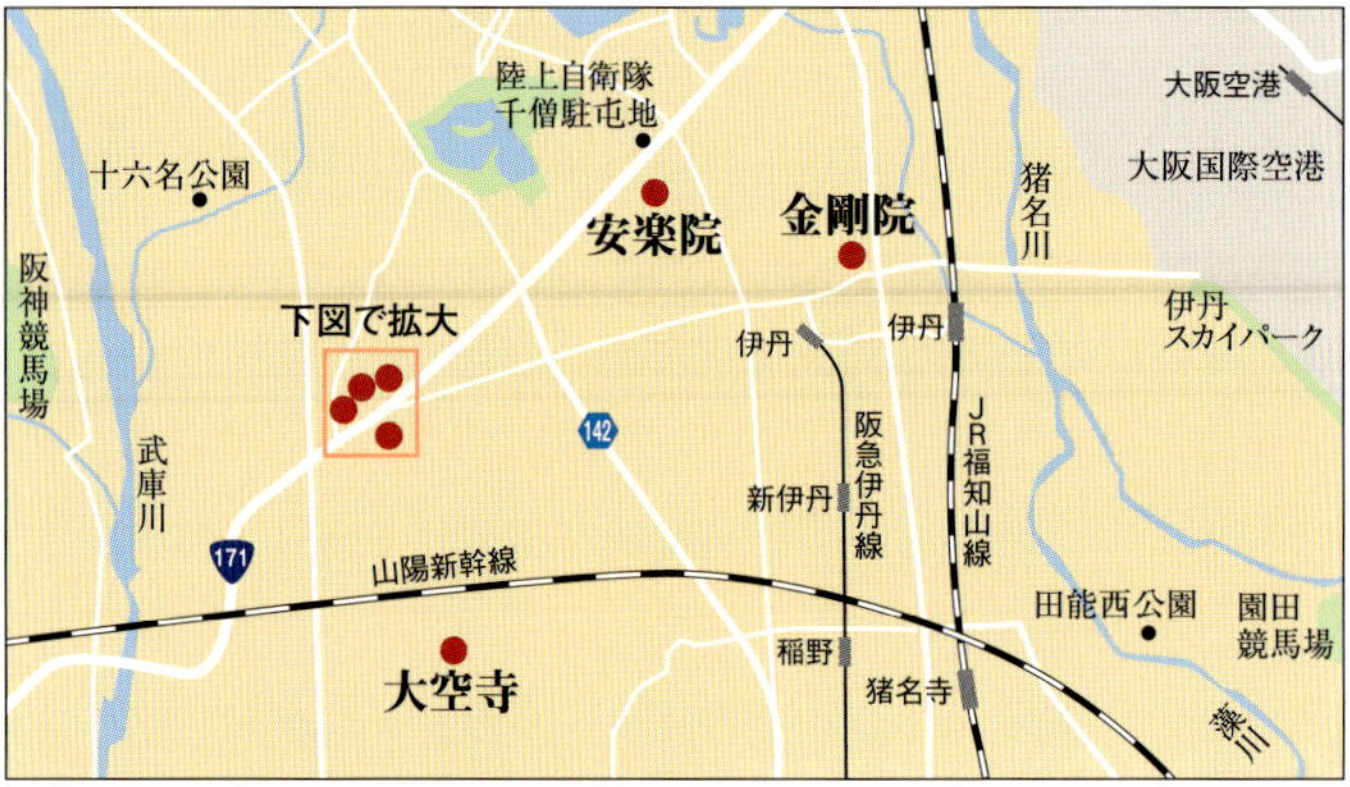

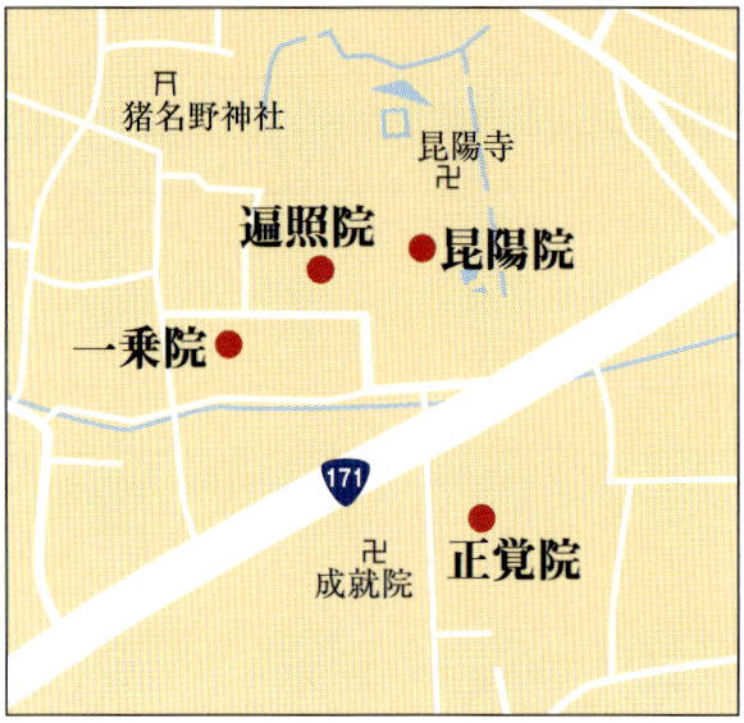

尼崎寺町七福神

尼崎の一画、寺町あたりの七福神めぐりです。それぞれの寺社で丁寧に祈願をしても比較的短時間で回ることができるでしょう。ご朱印の色紙はアニメ・忍たま乱太郎の作者尼子騒兵衛さんのイラスト入り。

移動の距離の目安

尼崎えびす神社（恵比寿）
5分 0.4km
本興寺（大黒天）
3分 0.2km
長遠寺（毘沙門天）
1分 0.1km
大覚寺（弁財天）
1分 0.1km
法園寺（布袋尊）
1分 0.1km
常楽寺（寿老人）
8分 0.6km
貴布禰神社（福禄寿）

寺社名	所在地	最寄駅から徒歩
尼崎えびす神社	尼崎市神田中通3-82	阪神「尼崎」5分
本興寺	尼崎市開明町3-13	阪神「尼崎」5分
長遠寺	尼崎市寺町10	阪神「尼崎」5分
大覚寺	尼崎市寺町9	阪神「尼崎」7分
法園寺	尼崎市寺町5	阪神「尼崎」7分
常楽寺	尼崎市寺町1	阪神「尼崎」7分
貴布禰神社	尼崎市西本町6-246	阪神「出屋敷」7分

【永澤寺七福神】

三田市永沢寺《えいたくじ》という地名にある永澤寺《ようたくじ》というお寺の七福神。もともとあった「おさすり布袋さん」と毘沙門天に、近年、五福神が加わり、七福神になったようです。

寺社名	所在地	最寄駅から徒歩
永澤寺	三田市永沢寺210	神姫バス「永沢寺」4分

【撫で七福神】

宍粟市山崎町の大歳神社は、山の麓の小さな神社。そこに七福神の石像があります。この神社の「千年藤」は見事で、毎年花の季節には多くの人が訪れます。

寺社名	所在地	最寄駅から徒歩
大歳神社	宍粟市山崎町上寺122	神姫バス「山崎」8分

【播磨七福神】

兵庫県の播磨地区、北部の七福神めぐりです。朝光寺は本堂が国宝、鐘楼が重要文化財で、神事なども県指定を受けています。車での移動となりますが、行程は長く、何日かに分けてめぐることをお勧めします。

移動の距離の目安

七寶寺（寿老人）
15.5km
観音寺（弁財天）
12.3km
長円寺（毘沙門天）
19.7km
安海寺（恵比寿）
16.3km
仲正寺（大黒天）
10.8km
朝光寺（福禄寿）
3.6km
大乗院（布袋尊）

寺社名	所在地	最寄駅から徒歩
七寶寺	神崎郡神河町大山110	神姫グリーンバス「七宝寺」4分
観音寺	神崎郡市川町奥268-1	JR「甘地」20分
長円寺	加西市福居町328	北条鉄道「北条町」31分
安海寺	多可郡多可町八千代区中村220	神姫グリーンバス「中村」2分
仲正寺	西脇市高松600-5	JR「西脇市」17分
朝光寺	加東市畑609	マイカー利用
大乗院	加東市掎鹿谷694	神姫バス「天神」10分

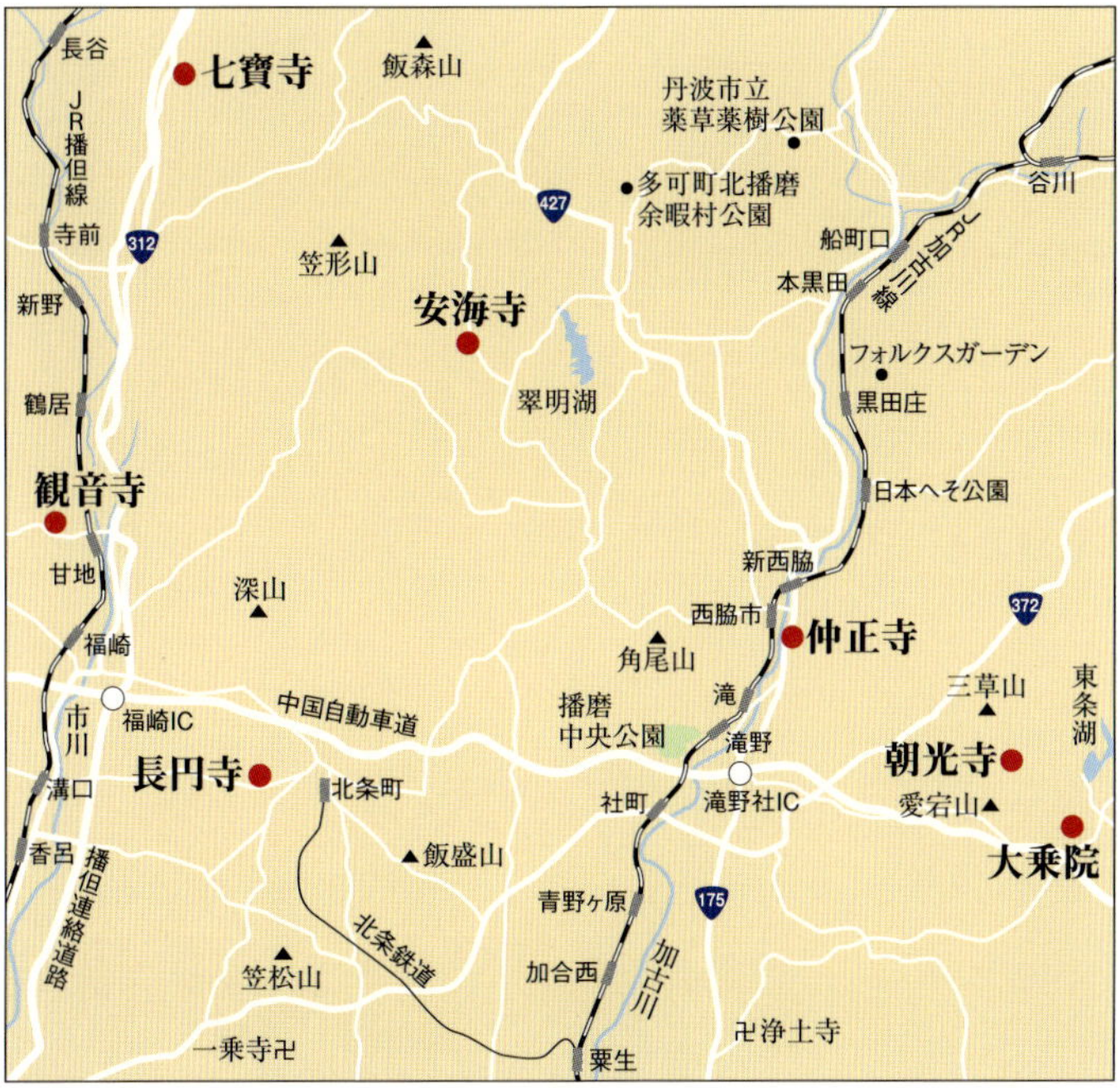

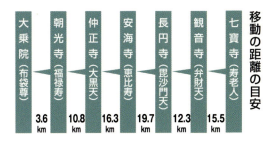

【夢前七福神】

雪彦山、七種山など播州の著名な山々の麓の七福神めぐりです。主要駅から遠いので、車が便利でしょう。味わい深い寺社・神仏像が多く、弥勒寺の布袋像は５ｍほどの石像で、日本一といわれています。姫路市では一番弥勒寺から正覚寺・真楽寺・生福寺・臨済寺・蓮華寺・七番性海寺の順となっています。

移動の距離の目安

真楽寺（福禄寿）
↓ 1.2km　15分
生福寺（毘沙門天）
↓ 5.6km
臨済寺（大黒天）
↓ 8.4km
正覚寺（寿老人）
↓ 6.6km
蓮華寺（恵比寿）
↓ 6.4km
弥勒寺（布袋尊）
↓ 5.0km
性海寺（弁財天）

寺社名	所在地	最寄駅から徒歩
真楽寺	姫路市夢前町山之内乙52	マイカー利用
生福寺	姫路市夢前町山之内甲442	神姫バス「山之内」2分
臨済寺	姫路市夢前町新庄1468	神姫バス「上新庄」15分
正覚寺	姫路市夢前町戸倉419	神姫バス「戸倉」7分
蓮華寺	姫路市夢前町杉之内291	神姫バス「杉之内」8分
弥勒寺	姫路市夢前町寺1051	神姫バス「又坂」40分
性海寺	姫路市夢前町宮置812	神姫バス「宮置」15分

【但馬七福神】

兵庫県の日本海側、但馬地方の七福神めぐりです。自然や庭園、寺院の伽藍など神仏以外にも見所が多いでしょう。移動距離は長く、車でも一日で回りきれないかも知れません。

移動の距離の目安

楽音寺（寿老人）
↓ 41.7km
温泉寺（福禄寿）
↓ 25.2km
隆国寺（布袋尊）
↓ 9.4km
日光院（毘沙門天）
↓ 18.6km
蓮華寺（恵比寿）
↓ 32.0km
長楽寺（弁財天）
↓ 9.6km
光明寺（大黒天）

寺社名	所在地	最寄駅から徒歩
楽音寺	豊岡市但東町大河内30	豊岡市イナカー「河野辺」3分
温泉寺	豊岡市城崎町湯島985-2	JR「城崎温泉」16分
隆国寺	豊岡市日高町荒川22	豊岡市イナカー「荒川」2分
日光院	養父市八鹿町石原450	全但バス「石原」5分
蓮華寺	養父市大屋町夏梅682	全但バス「栃尾」2分
長楽寺	美方郡香美町村岡区川会642	全但バス「川会」20分
光明寺	美方郡香美町小代区平野400	全但バス「貫田口」18分

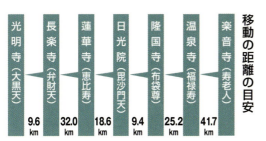

【但馬七福弁財天】

但馬地方で、開運・招福・福寿などご利益を求めてめぐる七柱の弁財天です。豊かな緑の中、心が洗われるでしょう。車の移動が主力となります。

移動の距離の目安

蓮華寺（開運弁天）
23.8km
大乗寺（馬鳴弁天）
20.9km
長楽寺（七美弁天）
26.9km
日光院（招福弁天）
15.8km
長福寺（大福弁天）
13.3km
楽音寺（福寿弁天）
22.2km
延応寺（宝積弁天）

寺社名	所在地	最寄駅から徒歩
蓮華寺	豊岡市竹野町轟366	全但バス「轟」3分
大乗寺	美方郡香美町香住区森860	JR「香住」23分
長楽寺	美方郡香美町村岡区川会642	全但バス「入江」35分
日光院	養父市八鹿町石原450	全但バス「石原」5分
長福寺	養父市畑1049	養父市わいわいバス「畑上」2分
楽音寺	朝来市山東町楽音寺579	JR「梁瀬」18分
延応寺	朝来市生野町銀谷83-1	JR「生野」7分

【丹波光七福神】

丹波・篠山あたりの七福神めぐりです。めぐるルートは平成に入ってから設定されたものですが、7世紀の開基と伝わるお寺もあり、歴史の深いところです。山間を車でめぐります。

移動の距離の目安

常光寺（布袋尊）
35.7km
常瀧寺（弁財天）
29.1km
大勝寺（寿老人）
31.4km
東窟寺（恵比寿）
25.1km
石龕寺（毘沙門天）
27.5km
妙楽寺（福禄寿）
6.2km
西方寺（大黒天）

※基本的には車移動が便利

寺社名	所在地	最寄駅から徒歩
常光寺	京都府加佐郡大江町天田内539	京丹鉄「大江高校前」16分
常瀧寺	兵庫県丹波市青垣町大名草 481-1	神姫バス「大名草公民館前」8分
大勝寺	兵庫県丹波市市島上垣467	JR「市島」20分
東窟寺	兵庫県篠山市藤岡奥161-4	篠山市ハートラン「藤岡奥」7分
石龕寺	兵庫県丹波市山南町岩屋3	マイカー利用
妙楽寺	兵庫県篠山市油井178	JR「草野」20分
西方寺	兵庫県篠山市今田町今田新田82	篠山市ハートラン「今田新田」2分

【新丹波七福神】

篠山市と丹波市をめぐる七福神です。天台宗丹波七福神と表記している資料もあります。七福神ばかりでなく、自然も豊かで、「丹波篠山紅葉三山」と呼ばれるお寺もあります。

移動の距離の目安

神池寺（恵比寿）
8.5km
済納寺（毘沙門天）
4.9km
白毫寺（布袋尊）
5.9km
桂谷寺（福禄寿）
19.8km
高蔵寺（弁財天）
8.4km
大国寺（大黒天）
13.9km
常勝寺（寿老人）

寺社名	所在地	最寄駅から徒歩
神池寺	丹波市市島町多利2609-1	マイカー利用
済納寺	丹波市市島町上田721-5	JR「市島」11分
白毫寺	丹波市市島町白毫寺709	マイカー利用
桂谷寺	丹波市春日町上野1019	JR「黒井」38分
高蔵寺	篠山市高倉276	篠山市ハートラン「高倉下」25分
大国寺	篠山市味間奥161	JR「丹波大山」30分
常勝寺	丹波市山南町谷川2630	JR「谷川」27分

丹波篠山玉水七福神

資料が少なく、丹波篠山界隈の七福神めぐり「新丹波七福神」とダブるお寺も多く、推測すればその旧ルートとも言えるでしょう。大国寺は建物や仏像の重要文化財があり、兵庫県観光百景の指定も受けています。

移動の距離の目安

大勝寺（寿老人）
1.3 km
済納寺（毘沙門天）
4.9 km
白毫寺（布袋尊）
24.4 km
高蔵寺（弁財天）
12.4 km
東窟寺（恵比寿）
10.2 km
大国寺（大黒天）
10.3 km
妙楽寺（福禄寿）

寺社名	所在地	最寄駅から徒歩
大勝寺	丹波市市島町上垣467	JR「市島」20分
済納寺	丹波市市島町上田721-5	JR「市島」11分
白毫寺	丹波市市島町白毫寺709	マイカー利用
高蔵寺	篠山市高倉276	篠山市ハートラン「高倉下」25分
東窟寺	篠山市藤岡奥161-4	篠山市ハートラン「藤岡奥」7分
大国寺	篠山市味間奥161	JR「丹波大山」30分
妙楽寺	篠山市油井178	JR「草野」20分

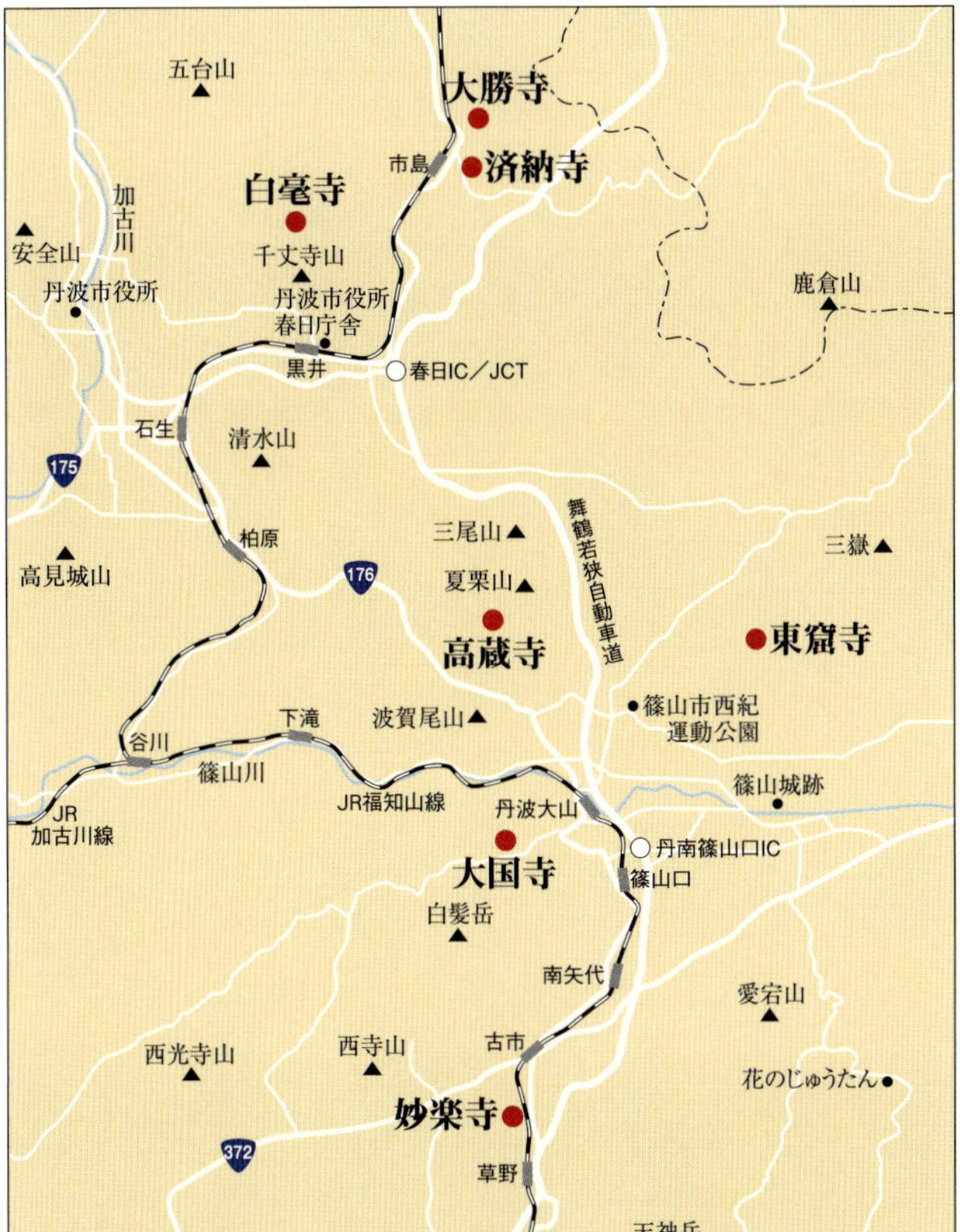

【淡路島七福神】

兵庫県では代表的な七福神めぐりの一つで、淡路島内を縦断します。奈良時代や平安時代に縁起を持つお寺もあり、歴史が感じられます。バスツアーなども開催されているようです。

移動の距離の目安

八浄寺（大黒天）
9.7km
宝生寺（寿老人）
18.5km
覚住寺（毘沙門天）
5.9km
万福寺（恵比寿）
1.8km
護国寺（布袋尊）
17.6km
長林寺（福禄寿）
5.0km
智禅寺（弁財天）

※観光タクシーなどもあるようです

寺社名	所在地	最寄駅から徒歩
八浄寺	淡路市佐野834	淡路交通バス「佐野学校前」4分
宝生寺	淡路市里326	淡路交通バス「安乎」25分
覚住寺	南あわじ市神代社家343	南あわじ市らん・らんバス「さんゆ〜会館前」13分
万福寺	南あわじ市賀集鍛冶屋87	南あわじ市らん・らんバス「賀集橋」3分
護国寺	南あわじ市賀集八幡732	淡路交通バス「八幡南」7分
長林寺	洲本市五色町都志万歳975	淡路交通バス「都志」3分
智禅寺	淡路市草香436	マイカー利用

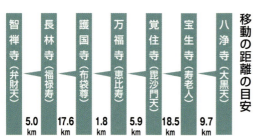

あとがき

とってつけたような話なのですが、私の家の玄関先に、大黒様の木彫りの像があります。それは二十五年ほど前のことでしょうか、百貨店に木彫り職人さんが来て並べておられたもので、神仏に対する信心が強かったわけでも、収集癖があるわけでもない私が、なぜか、魅入られるようにして、手にとりました。以来、毎日、出かける時には、大黒様に見送っていただき、帰った時には、出迎えていただいています。

よく私たちは「縁」という言葉を使いますが、こうして「七福神」の本を書くことになったことも、長年にわたって積み上げてきた大黒様と私の一つの「縁」と言えるのかもしれません。

七福神を調べ、めぐり歩くにつれて、ほんのすこし、仏教にも興味をもつようになり、縁起や四聖諦などについて知り、これもまたとってもすこしですが、人としての機微を感じられるようにもなった気がします。

また、「祈りの効果」というものが、科学的にも存在することを知りました。特に、歩くことは、ココロを磨く瞑想の状態にも入りやすいようで、七福神をめぐる効果（ご利益）はあり、あながち「そんなバカな」ではないのです。信じる人も信じない人も七福神をめぐってみてください。きっと、何かしら、いいことに出合えるはずですから。

最後に、この書は、学術的に追究した内容ではありませんので、いろんな説が混ざっているところがたくさんありますが、大まか、ゆるりと解釈していただければ幸いです。

関係各者には深くお礼申し上げます。

二〇一六年三月

藤村　郁雄

圓満寺　豊中市　119
正善院　大阪市　118
長栄寺　東大阪市　121
長久寺　大阪市　51
長慶寺　泉南市　120
安楽院　伊丹市　128
温泉寺　豊岡市　133
貴布禰神社　尼崎市　129
桂谷寺　丹波市　136
興隆寺(大池聖天)　神戸市　125
真光寺　神戸市　82
真楽寺　姫路市　132
須磨寺　神戸市　64
総持院(中山寺)　宝塚市　126
多太神社　川西市　127
朝光寺　加東市　131
長林寺　洲本市　138
妙楽寺　篠山市　135、137

寿老人

行願寺(革堂)　京都市　38、102 、103、104、105
極楽寺　亀岡市　116
西福寺　京都市　114
福寿星神祠(鞍馬山)　京都市　110
伏見稲荷　京都市　106
法音院(泉涌寺)　京都市　108
延命寺　河内長野市　121
鶴満寺　大阪市　118
三光神社　大阪市　49
松尾寺　和泉市　120
楽音寺　豊岡市　133
昆陽院　伊丹市　128
七寶寺　神河町　131
寿老神堂(中山寺)　宝塚市　126
正覚寺　姫路市　132
常勝寺　丹波市　136
常楽寺　尼崎市　129
松隣寺　篠山市　117
善福寺　神戸市　125
大勝寺　丹波市　135、137
中山寺　宝塚市　119
念仏寺　神戸市　75
宝生寺　淡路市　138
薬仙寺　神戸市　80
頼光寺　川西市　127

七福神

永福寺　京都市　113
行願寺(革堂)　京都市　109
赤山禅院　京都市　109
藤森神社　京都市　113
庚申堂　大阪市　122
菩提寺　東大阪市　122
須磨寺　神戸市　124
宅原寺　神戸市　124
大歳神社　宍粟市　130
永澤寺　三田市　130

八社巡拝

一宮神社　神戸市　94
五宮神社　神戸市　98
三宮神社　神戸市　96
七宮神社　神戸市　100
二宮神社　神戸市　95
四宮神社　神戸市　97
六宮神社　神戸市　99

愛染明王　新善光寺(泉涌寺)　京都市　108
秋葉大権現　東景寺　京都市　107
安産　わら天神宮　京都市　111
稲荷大明神　満足稲荷神社　京都市　107
延命長寿　熊野神社衣笠分社　京都市　111
開運　平野神社　京都市　111
開運出世　若一神社　京都市　111
建築方除　大将軍八神社　京都市　111
庚申尊　金剛寺　京都市　107
金比羅神　安井金比羅宮　京都市　107
智恵・学問　吉祥院天満宮　京都市　111
病気厄除　春日神社　京都市　111
美御前三神　美御前社　京都市　107
不動明王　寿寧院(天龍寺)　京都市　112
宝徳稲荷　妙智院(天龍寺)　京都市　112
薬師如来　雙林寺　京都市　107
楊貴妃　楊貴妃観音堂(泉涌寺)　京都市　108

石龕寺　丹波市　135
多聞寺　神戸市　125
長円寺　加西市　131
長遠寺　尼崎市　129
日光院　養父市　133
能福寺　神戸市　84
満願寺　川西市　127
湊川神社　神戸市　68

弁財天

安養寺　京都市　107
戒光寺(泉涌寺)　京都市　108
金光寺　亀岡市　116
三千院弁天堂　京都市　104
慈済院(天龍寺)　京都市　112
新宮寺　京丹波町　117
巽の弁財天社(鞍馬山)　京都市　110
長建寺　京都市　114
妙音堂　京都市　102、103
無動寺　大津市　105
吉水弁財天堂　京都市　106
六波羅蜜寺　京都市　42
高貴寺　河南町　121
太融寺　大阪市　118
法案寺　大阪市　52
水間寺　貝塚市　120
瀧安寺　箕面市　119
生田神社　神戸市　70
一乗院　伊丹市　128
延応寺　朝来市　134
楽音寺　朝来市　134
観音寺　市川町　131
恵林寺　神戸市　123
高蔵寺　篠山市　136、137
興隆寺(大池聖天)　神戸市　125
済鱗寺　神戸市　123
性海寺　姫路市　132
常瀧寺　丹波市　135
真光寺　神戸市　123
大覚寺　尼崎市　129
大乗寺　香美町　134
多田神社　川西市　127
智禅寺　淡路市　138
長福寺　養父市　134
長楽寺　香美町　133、134
日光院　養父市　134
花隈厳島神社　神戸市　123
氷室神社　神戸市　123
兵庫厳島神社　神戸市　123
宝蔵院(中山寺)　宝塚市　126
蓮華寺　豊岡市　134
和田神社　神戸市　78、123

布袋尊

常光寺　大江町　135
石峰寺　京都市　114
大福寺　京都市　102
長楽寺　京都市　103、104、106、107
南陽寺　南丹市　117
萬福寺　宇治市　44、105
弥勒堂(鞍馬山)　京都市　110
養仙寺　亀岡市　116
来迎院(泉涌寺)　京都市　108
国分寺　大阪市　118
七宝瀧寺　泉佐野市　120
四天王寺　大阪市　60
四天王寺布袋堂　大阪市　121
清荒神　宝塚市　119
護国寺　南あわじ市　138
成就院(中山寺)　宝塚市　126
大空寺　伊丹市　128
大乗院　加東市　131
天上寺　神戸市　73
白毫寺　丹波市　136、137
法園寺　尼崎市　129
法泉寺　川西市　127
布袋寺　神戸市　125
弥勒寺　姫路市　132
柳原天神社　神戸市　86
隆国寺　豊岡市　133

福禄寿

海宝寺　京都市　114
遣迎院　京都市　102
護浄院　京都市　103、104、105
松厳寺(天龍寺)　京都市　112
赤山禅院　京都市　35
雙林寺　京都市　106
即成院(泉涌寺)　京都市　108
東光寺　亀岡市　116
福寿星神祠(鞍馬山)　京都市　110
龍澤寺　南丹市　117

寺社索引

京都府・滋賀県、大阪府、兵庫県で各々50音順に並べています。

恵比寿

栗田神社　京都市　107
今熊野観音寺(泉涌寺)　京都市　108
永明院(天龍寺)　京都市　112
京都ゑびす神社　京都市　40、103、104、105、106
金札宮　京都市　114
耕雲寺　亀岡市　116
谷性寺　亀岡市　117
護浄院　京都市　102
双福苑(鞍馬山)　京都市　110
今宮戎神社　大阪市　58、120
呉服神社　池田市　119
西琳寺　羽曳野市　121
堀川戎神社　大阪市　118
尼崎えびす神社　尼崎市　129
有間神社　神戸市　125
安海寺　多可町　131
金剛院　伊丹市　128
神池寺　丹波市　136
鎮守社(中山寺)　宝塚市　126
東窟寺　篠山市　135、137
長田神社　神戸市　66
蛭子神社(柳原えびす神社)　神戸市　88
万福寺　南あわじ市　138
山下恵比寿神社　川西市　127
蓮華寺　姫路市　132
蓮華寺　養父市　133

大黒天

雲龍院(泉涌寺)　京都市　108
圓徳院　京都市　107
清水寺　京都市　106
興雲寺　福知山市　117
三秀院(天龍寺)　京都市　112
正法寺(大原野大黒天)　京都市　115
双福苑(鞍馬山)　京都市　110
蔵宝寺　亀岡市　116
大黒寺(伏見大黒天)　京都市　114、115
大徳寺(淀大黒天)　京都市　115
比叡山延暦寺大黒天堂　大津市　29
平等寺(因幡堂大黒天)　京都市　115
遍照寺(嵯峨野大黒天)　京都市　11598
宝積寺(大山崎大黒天)　大山崎町　115
妙円寺(松ヶ崎大黒天)　京都市　33、102、103、104、105
大国主神社　大阪市　56、120
西江寺　箕面市　119
大長寺　大阪市　118
弘川寺　河南町　121
観音院(中山寺)　宝塚市　126
光明寺　香美町　133
西方寺　篠山市　135
大国寺　篠山市　136、137
大龍寺　神戸市　71
仲正寺　西脇市　131
湯泉神社　神戸市　125
能勢妙見　川西市　127
八浄寺　淡路市　138
福海寺　神戸市　90
遍照院　伊丹市　128
本興寺　尼崎市　129
臨済寺　姫路市　132

毘沙門天

京都帝釈天　南丹市　117
鞍馬寺　京都市　105
鞍馬寺本殿金堂　京都市　110
弘源寺(天龍寺)　京都市　112
神応寺　亀岡市　116
東寺　京都市　45
東福寺　京都市　106
毘沙門堂　京都市　103、104
悲田院(泉涌寺)　京都市　108
法性寺(廃寺)　京都市　114
盧山寺　京都市　102
大乗坊　大阪市　54
大聖勝軍寺　八尾市　121
萩の寺　豊中市　119
万代寺　堺市　120
妙香院　大阪市　118
覚住寺　南あわじ市　138
華蔵院(中山寺)　宝塚市　126
済納寺　丹波市　136、137
正覚院　伊丹市　128
生福寺　姫路市　132

藤村 郁雄（ふじむら・いくお）
1957年兵庫県宍粟市生まれ。関西学院大学社会学部卒業。コピーライター。商店から一部上場企業、学校・官公庁の広告・広報展開やパンフレット創りなど手がける。百科事典、社史、記念誌、週刊誌の編集・執筆に30年以上携わる。神戸市西区在住。著書に、『阪神間モダニズム近代建築さんぽ』（神戸新聞総合出版センター）など。

イラスト　マツバラマサヒロ

京都《きょうと》・大阪《おおさか》・兵庫《ひょうご》 七《しち》福《ふく》神《じん》めぐり

2016年4月15日　第1刷発行

著　者　藤村《ふじむら》 郁雄《いくお》
編　集　のじぎく文庫
発行者　吉村 一男
発行所　神戸新聞総合出版センター
〒650-0044 神戸市中央区東川崎町1-5-7 神戸情報文化ビル9F
TEL. 078-362-7140　FAX. 078-361-7552
http://www.kobe-np.co.jp/syuppan/
印刷所　神戸新聞総合印刷

乱丁・落丁本はお取替えいたします。

ISBN978-4-343-00883-1　C0026